全国中等卫生职业教育规划教材

供护理、助产专业使用

内科护理实训

总主编　周　茜
主　编　薛　艳
副主编　孙　洪　徐秀英
编　者　（按姓氏汉语拼音排序）
黄文晨　孙　洪　徐秀英　薛　艳
杨　君　张明君　周　茜

科学出版社
北　京

内 容 简 介

全书分三部分。第一部分是内科常用护理技术的操作流程及要点,均以工作任务呈现,主要工作内容以表格形式展现,配有插图,图文并茂、简明易懂;第二部分为各操作流程的评分标准。参考临床操作考核标准制定,对少临床实践经验的年轻教师而言,更有利于掌握教学和考核标准的方向,对学生而言,便于学生自学自练,同时可以培养学生主动思维,正确解决临床护理问题的能力;第三部分为练习题,题型设计以"三基"内容为主,采用护士执业资格考试题型,帮助学生巩固所学知识,为学生的临床见习、实习及护士执业资格考打下良好的基础。

本书供中等职业教育护理、助产专业教学使用。

图书在版编目(CIP)数据

内科护理实训/周茜总主编. —北京:科学出版社,2015.5
全国中等卫生职业教育规划教材
ISBN 978-7-03-043614-6

Ⅰ. 内… Ⅱ. 周… Ⅲ. 内科学-护理学-中等职业教育-实训教材 Ⅳ. R5272

中国版本图书馆 CIP 数据核字(2014)第 042958 号

责任编辑:秦致中 格桑罗布 / 责任校对:蒋 萍
责任印制:徐晓晨 / 封面设计:范璧合

科学出版社 出版
北京东黄城根北街 16 号
邮政编码:100717
http://www.sciencep.com

北京虎彩文化传播有限公司 印刷
科学出版社发行 各地新华书店经销
*
2015 年 5 月第 一 版 开本:787×1092 1/16
2018 年 8 月第二次印刷 印张:4 3/4
字数:103 000
定价:15.80 元
(如有印装质量问题,我社负责调换)

全国中等卫生职业教育规划教材

教材建设专家委员会名单

前　言

根据《国务院关于加快发展现代职业教育的决定》(国发〔2014〕19号)文件精神,实习实训教学在现代职业教育中占据越来越重要的地位。《教育部关于“十二五”职业教育教材建设的若干意见》(教职成〔2012〕9号)也明确指出,鼓励开发体现行业要求、突出行业特色的专业课程教材和高质量的实习实训教材。护理学是实践性、应用性极强的学科,实训教学尤为重要,为此我们在近2年加大了护理专业主干课程的教学改革力度,并组织编写了本套护理实训教材。

内科护理实训是护理专业实训教学的重要组成部分。我校该课程教学在校内实训基地“现代医护实训中心—仿真病区”环境配合下进行,使得专业教师能够有效实施“项目教学和情景模拟教学”。《内科护理实训》教材亦按照项目教学法和情景教学特点设计编写框架,涵盖具体护理工作任务的基本知识、相关知识,同时针对如何完成具体护理工作任务,以表格形式按照任务步骤、操作流程及要点、注意事项、健康宣教逐一描述,突出护理工作的特殊性,将无菌观念、人文关怀、法律意识、护患安全等融入到操作中。

为了实现理论与实践的有效结合,全套教材在编写中,为使我校培养的学生能够尽快进入工作状态并胜任基本临床护理工作,特邀请宁夏医科大学护理学院和区内知名教学医院的15位护理教育和临床护理专家参与编写、审稿。

本书分三部分。第一部分是技术操作流程,均以工作任务呈现,主要工作内容以表格形式展现,配有插图,图文并茂、简明易懂;第二部分为操作流程的评分标准。参考临床操作考核标准制定,对少临床实践经验的年轻教师而言,更有利于掌握教学和考核标准的方向,对学生而言,便于学生自学自练,同时可以培养学生主动思维,正确解决临床护理问题的能力;第三部分为练习题,题型设计以“三基”内容为主,采用护士执业资格考试题型,帮助学生巩固所学知识,为学生的临床见习、实习及护士执业资格考试打下良好的基础。

本教材编写得到宁夏第五人民医院、石嘴山市第三人民医院等单位领导和专家的大力支持与帮助,在此表示衷心感谢。由于编者水平有限,书中不妥之处在所难免,恳请读者提出宝贵意见,以便我们及时斧正。

周　茜

2015年1月26日

目　　录

第一部分　技术操作流程及要点

第二部分　技术操作流程评分标准

第三部分　习　　题

第一部分 技术操作流程及要点

模块一

内科基本护理技术

任务一 人工气道的护理

【任务目标】

1. 知识目标:掌握人工气道护理的适应证和禁忌证;熟悉人工气道护理的目的。
2. 技能目标:掌握人工气道护理的操作步骤及要点。
3. 素质目标:仪表规范、着装整齐,态度端正。

【任务场景】

患者李铁,男,42岁,一日前从高处坠落,出现意识障碍,CT检查提示颅内出血,于当日行"开颅血肿清除术、气管切开术",现患者昏迷。医嘱:人工气道护理。护士应如何对患者进行人工气道的护理?

【相关理论】

1. 定义　人工气道是将导管经口或鼻腔置入气管或直接置入气管所建立的气体通道。
2. 目的　保持呼吸道通畅,有助于呼吸道分泌物的清除,避免肺部感染。
3. 适应证　用于经口、经鼻气管插管或行气管切开患者的护理。
4. 禁忌证　无绝对禁忌证。

【任务流程及要点】

步骤	操作流程及要点	注意事项	健康宣教
评估	患者的诊断、病情、意识状态、心理反应、合作程度、血氧饱和度、痰液的黏稠度、量	1. 痰液黏稠者可雾化吸入以稀释痰液	

续表

步骤		操作流程及要点	注意事项	健康宣教
计划	环境	安静、安全、整洁 温湿度适宜	2. 室温 20～22℃，湿度 60%～70%；限制探视人数 3. 六步洗手	1. "李铁的家属您好！我是李铁的责任护士，目前他还在昏迷中，由于他进行了气管切开，他的呼吸道抵抗力是比较低的，为了他的健康，病房需要限制探视的人数，陪护人员只能留一人。为了预防他发生呼吸道感染，我们需要定时为他吸痰，吸痰时李铁会有咳嗽现象，希望您能理解，不要紧张！"
	护士	服装整洁、修剪指甲 洗手、戴口罩		
	患者	向患者或家属解释人工气道护理的目的，操作过程可能出现的不适	4. 危重患者需要进行动态生命体征监护	
	用物	氧气及吸氧装置一套、吸氧管数根、治疗巾及橡胶单各一张、无菌气管内套管一个、无菌生理盐水一瓶、75%乙醇一瓶、3%过氧化氢一瓶、"Y"形纱布数块、清洁手套两幅、弯盘一个、听诊器一个、气管切开护罩一个	5. 备齐急救物品和药品，平时可置于床旁备用	
实施	核对解释	解释核对，取得患者或家属的配合		
	备物	协助患者取头部平卧位，垫治疗巾、橡胶单于颈下，将弯盘置于便利处，取下气管切开护罩	6. 病人体位平卧或半卧位，颈部略垫高，使颈伸展，保持呼吸道通畅。病人的头部不要过高或过低，应保持在15°～30°	
	气管切开换药操作流程			
	更换气管内套管	1. 吸痰，先吸气道再吸口鼻腔的痰液 2. 取出内套管 3. 更换内套管 4. 将内套管置于流水下用棉签或刷子清洁，先用3%过氧化氢浸泡，再以流动水冲洗；金属内套管可以高压消毒		
	更换纱布	1. 戴清洁手套取出预更换的切口纱布，放入弯盘，脱手套 2. 观察切口周围皮肤及分泌物情况 3. 戴清洁手套，用0.9%的氯化钠溶液清洗后（分泌物较多时可用3%的过氧化氢），再用安尔碘棉签消毒伤口周围皮肤和套管翼，原则为自内向外，先伤口后套管翼，清洁及消毒范围向外延伸至套管翼下切口处外5～10cm，勿来回擦拭 4. 用无菌技术将"Y"形纱布覆盖伤口，纱布内面及切面平整并完全盖住造口（图1-1） 5. 检查固定是否妥善，松紧度	7. 固定气管套管的扣带松紧适宜，以通过一指为宜，太松套管易脱出，太紧影响血液循环	

续表

<table>
<tr><th colspan="2">步骤</th><th>操作流程及要点</th><th>注意事项</th><th>健康宣教</th></tr>
<tr><td rowspan="4">实施</td><td>调整气囊压力</td><td>1. 吸净口、鼻腔及气道内分泌物
2. 用10ml注射器连接于气囊充气管缓慢抽气，记录抽出的气量，间歇5～10min后再用注射器将气囊充满气（一般充气8～10ml），以按压外气囊硬度与鼻尖硬度相似为宜</td><td>8. 为防止气囊压迫气管黏膜导致压伤坏死，应每4～6小时松气囊一次</td><td rowspan="4"></td></tr>
<tr><td colspan="2">经鼻/口腔/气管插管吸痰操作流程</td><td></td></tr>
<tr><td>吸痰</td><td>保持呼吸道通畅最有效的方法是定时进行气管内吸痰
1. 选择合适吸痰管，检查包装完整性和有效期
2. 先吸氧，接受机械通气的患者可通过吸入纯氧3～5min达到预充氧的目的
3. 注意无菌操作，戴无菌手套，先吸无菌的生理盐水检查导管通畅情况
4. 轻：插入吸痰管动作轻，切勿粗暴，先用手捏住负压，防止无效吸入肺内空气，损伤气管黏膜
5. 提：吸痰管趁吸气时送入气管，气管套管长度15～20cm左右，插入到位停留1～2s使周围痰液吸入吸痰管内再提拉。痰多的部位可稍停顿
6. 转：边吸边旋转吸痰管，以便吸出贴在管壁的黏稠痰液
7. 快：吸痰动作应迅速，每次不超过15s</td><td rowspan="2">1. 吸痰时应选外径不超过气管套管内径1/2的柔软一次性硅胶管，吸痰前用生理盐水润滑；吸痰前后应增加氧气的吸入，且吸痰时间不宜过长，以免造成病人缺氧。吸痰时负压调节要适宜，一般成人40.0～53.3kPa
2. 插吸痰管过程中不可打开负压，且动作要轻柔，不宜插入过深，以防剧咳引起套管喷出
3. 抽吸期间应密切注意心电监测，一旦出现心律失常或呼吸窘迫，应立即停止抽吸，并吸入纯氧
4. 气道分泌物的抽吸不作为常规操作，当患者气道分泌物主流的表现时才有指针抽吸。过多的抽吸反而刺激黏膜，使分泌物增加
5. 绝对禁止用抽吸口鼻腔的吸痰管再抽吸气道
6. 吸痰管插入的深度：气管切开深度为10～20cm，吸痰管超出套管前端4～5cm，插入吸痰管过程中，如感到有阻力，应将管子略后退1～2cm后吸引，以免引起支气管过度嵌顿和损伤</td></tr>
<tr><td>固定套管</td><td>1. 准备一段长度适宜的固定带，更换套管翼上旧的固定带
2. 固定带应系紧，与颈部的间隙不应超过两指，防止太紧引起皮肤压疮，太松时应防止内套管脱落</td></tr>
</table>

续表

步骤		操作流程及要点	注意事项	健康宣教
实施	**人工气道应急预案**			2.“李铁的家属,吸痰结束了,套管也固定好了,如果他突然出现呛咳、呼吸困难或监护仪报警或其他意外,请及时按床头呼叫器,我们会及时赶到,同时我们也会经常巡视病房,您不要太紧张,您也注意不要太劳累了!”
	意外拔管的处理	1. 一旦发生意外拔管,应立即重建人工气道。 2. 在抢救过程中,注意监测心电图、血压和血氧饱和度	气管切开难以重新插入的患者,应先行经口气管插管。对于气管插管困难者,可用面罩加压给氧	
	整理用物	患者体位舒适,用物分类放置	按医疗垃圾分类原则正确分类处置	
	观察记录	1. 观察与记录患者的呼吸,血氧饱和度,痰液颜色、性质和量 2. 观察套管是否通畅:可用棉丝放于气管套管口旁,棉丝应随呼吸上下飘动,否则应立即查找阻塞原因		
评价		患者生命体征平稳,无并发症发生		

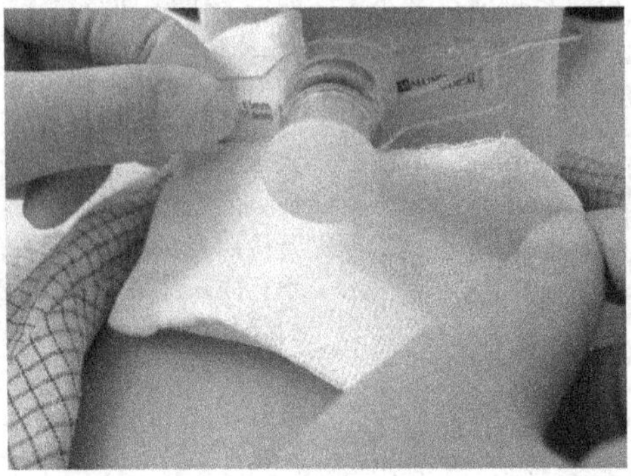

图 1-1　更换纱布

（黄文晨　周　茜）

任务二　危重患者的心电监护

【任务目标】

1. 知识目标:掌握心电监护仪使用的适应证和禁忌证;熟悉心电监护的使用目的。
2. 技能目标:掌握心电监护仪的使用步骤及要点。
3. 素质目标:操作规范、正确,动作轻柔,注意保护患者隐私。

【任务场景】

患者李晓,女,25 岁。发作性心悸 3 年,加重半年,门诊心电图示:阵发性室上性心动过速,收入院进一步诊治。医嘱:持续心电监护。如果你是她的责任护士应如何执行医嘱?

【相关理论】

1. 定义　通过显示屏连续观察监测心脏电活动情况的一种无创监测方法。

2. 目的

(1) 对危重患者进行连续的心电监护,可持续观察心率、心律,及时发现异常情况,使患者得到及时准确的诊断和治疗。

(2) 可储存和记录心电图的各种信息,以便随时观察并进一步提高诊治水平。

3. 适应证

(1) 各种危重患者、抢救患者。

(2) 冠心病患者,以便及时发现心肌缺血改变和心肌梗死的发生。

(3) 心脏手术患者,以便及时发现心律失常的发生。

(4) 心脏起搏器植入手术前后的患者,以便观察心率及起搏效果。

4. 禁忌证　无绝对禁忌证。

【任务流程及要点】

<table>
<tr><th colspan="2">步骤</th><th>操作流程及要点</th><th>注意事项</th><th>健康宣教</th></tr>
<tr><td colspan="2">评估</td><td>患者的诊断、病情、心理反应、合作程度、皮肤情况</td><td></td><td></td></tr>
<tr><td rowspan="4">计划</td><td>环境</td><td>环境安全,注意保护患者隐私,必要时备屏风</td><td rowspan="4">1. 环境无电磁波干扰,光线适中
2. 用物齐全、功能良好</td><td rowspan="4">1. “李晓,我是您的责任护士,现在要给您安放心电监护,监测您的生命体征,以便及时发现您病情的变化,请不要紧张,按我的提示,配合我好吗?”</td></tr>
<tr><td>护士</td><td>服装整洁、修剪指甲
洗手、戴口罩</td></tr>
<tr><td>患者</td><td>了解心电监护的目的、注意事项、配合要点</td></tr>
<tr><td>用物</td><td>心电监护仪一台;配套的心电、血压插件导线、血压计袖带各一套;电极片 3~5 个;生理盐水棉球数个;纱布数块</td></tr>
<tr><td rowspan="3">实施</td><td>核对解释</td><td>携用物至患者床旁,查对床号、姓名、操作项目;解释操作目的,取得配合</td><td></td><td>2. 查看患者腕带,对清醒能配合者,要求患者说出自己的腕带信息,参与核对</td></tr>
<tr><td>患者准备</td><td>患者平卧位或半卧位,解开上衣</td><td>3. 注意保护患者隐私</td><td>3. “李晓,现在要给您安放电极片,需要您解开上衣。”</td></tr>
<tr><td>安放电极</td><td>1. 接通电源,打开机器开关
2. 用生理盐水棉球擦拭胸部贴电极处皮肤 5 个监护电极分别放在右上(RA,白色),右锁骨下第二肋间,靠近右肩;左上(LA,黑色),左锁骨下第二肋间,靠近左肩;左下(LL,红色)左下腹;右下(RL,绿色)右下腹;中间(V 或 C,棕色),胸骨右缘第四肋间;电极连线的颜色依次是白、黑、红、棕、绿(图 1-2)
3. 固定导线,电极导线应妥善放置,以防拉脱、折断等情况发生</td><td>4. 有胸毛者应剃除,尽可能降低皮肤电阻,避免 QRS 波振幅过低或干扰变形
5. 连续监测 72h 需更换电极位置,以防皮肤过久受刺激而损伤</td><td>4. “安放电极片前先要清洁一下局部的皮肤,这样电极和皮肤贴合的好,监护仪才能正常工作。”
5. “在带监护的过程中,不要随意拔除或取下各种配件,如果需要帮助请按呼叫器,同时我们也会经常巡视病房,发现问题会及时帮助您的,您先休息!”</td></tr>
</table>

续表

步骤		操作流程及要点	注意事项	健康宣教
实施	连接血氧饱和度传感器	将血氧饱和度传感器安放在手指尖处，手指甲向上紧贴，电缆平放在手背上（图1-3）	4. 传感器也可放在脚趾或耳垂处 5. 患者指甲不能过长，不能有任何染色物和污垢，传感器应避免放在灰指甲或痂壳等处，从而影响读数的准确性 6. 每隔2h观察测量部位的末梢循环和皮肤情况，更换传感器安放位置	
	监护	1. 打开心电监护仪 2. 选择能触发心率计数并能较易辨认出P、QRS、T波导联的心电图波形 3. 调节心电图参数：设定心电图波形大小；心率报警的上、下限	7. 不要在同一部位（肢体）监测血氧饱和度和测血压，以免影响数值 8. 不可随意关闭报警功能，报警设置应该是安全范围而不是正常值	
	无创血压的监测	调节血压参数：设定自动和手动模式；自动测量间隔时间；收缩压、舒张压、平均动脉压的报警上、下限	9. 将袖带测压管与监护仪无创血压模块连接，将袖带缠绕在肘窝上2～3cm处 10. 维持袖带、测血压的肢体与患者心脏处于同一高度 11. 袖带环绕松紧合适，可在患者和袖带之间插一只手指	
	整理用物	1. 为患者扣好衣服，盖好被子 2. 垃圾分类处理	12. 按医疗垃圾分类原则正确分类处置	
	观察并记录	记录患者心率、心律、脉搏、血压、氧饱和度		
评价		仪器正常工作，患者未发生监护中的并发症		

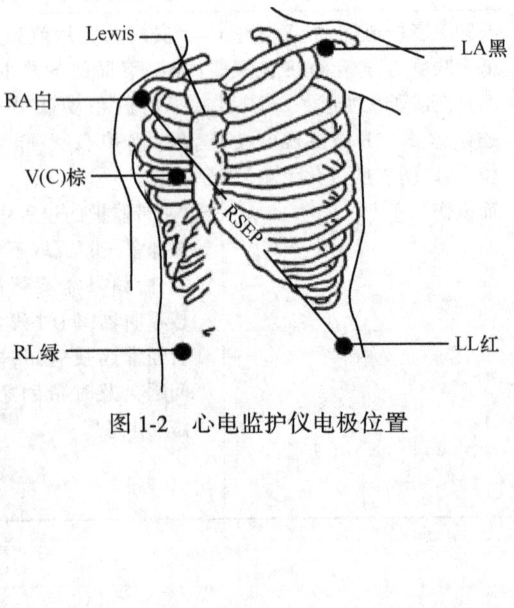

图1-2　心电监护仪电极位置

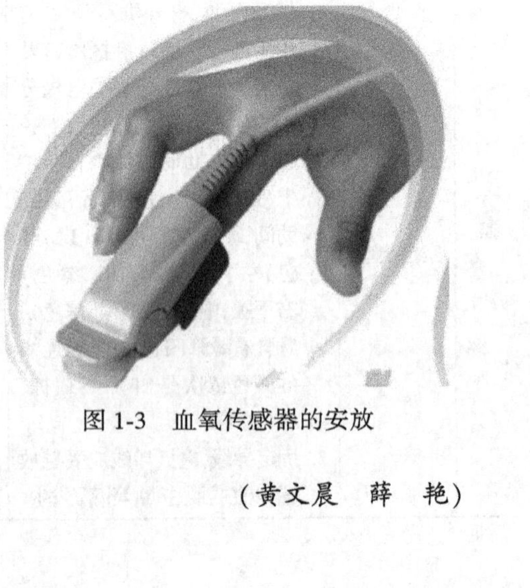

图1-3　血氧传感器的安放

（黄文晨　薛　艳）

任务三　肺心病患者的动脉血气分析

【任务目标】

1. 知识目标：掌握采集动脉血的适应证和禁忌证，熟悉动脉血气分析的目的。
2. 技能目标：采集动脉血的操作前准备、操作过程和操作后护理。
3. 素质目标：培养良好的沟通技巧，注重人文关怀。

【任务场景】

患者李大爷，男，65 岁，慢性咳嗽、咳痰 12 年，气促 5 年，加重伴活动后心悸 2 周。近 2 周来发热，咳黄色痰。呼吸困难逐渐加重，活动后心悸乏力。入院诊断为：慢性肺源性心脏病。医嘱：动脉血气分析。护士应如何采集动脉血？

【相关理论】

1. 定义　是指对各种气体、液体中不同类型的气体和酸碱性物质进行分析的技术过程。

2. 目的　通过动脉血气分析可监测有无酸碱平衡失调、缺氧和二氧化碳潴留，判断急、慢性呼吸衰竭的程度，为诊断和治疗呼吸衰竭提供可靠依据。

3. 适应证

(1) 各种疾病、创伤、手术所导致的呼吸功能障碍者。

(2) 呼吸衰竭的患者使用机械辅助呼吸治疗时。

(3) 心肺复苏后对患者的继续监测。

4. 禁忌证　无绝对禁忌证。

【任务流程及要点】

步骤		操作流程及要点	注意事项	健康宣教
评估		1. 患者的诊断、病情、心理反应、合作程度 2. 查看穿刺部位		
计划	环境	安静、安全、整洁 温湿度适宜		1."李大爷，您好！我是您的责任护士，由于疾病的需要，现在我需要一点点动脉血进行化验，一会听我的提示，和我配合，谢谢！"
	护士	服装整洁、修剪指甲 洗手、戴口罩		
	患者	了解动脉血气标本采集的目的、注意事项、配合要点		
	用物	皮肤消毒液，2% 碘酊、75% 乙醇或 0.5% 碘伏；无菌棉签；无菌纱布或棉球；血气分析专用注射器；橡胶塞、肝素盐水稀释液、治疗盘、5ml 注射器或一次性动脉采血针、医嘱单、化验单、条形码		

续表

步骤		操作流程及要点	注意事项	健康宣教
实施	核对解释	1. 嘱患者平卧或静坐5~10分钟,呼吸新鲜空气 2. 指导患者抽取血气时尽量放松,平静呼吸,避免影响血气分析的结果	1. 掌握好采血时机,如吸氧患者应在停止吸氧后30分钟后再采血进行血气分析;不能停止吸氧者,应在申请单上注明吸氧浓度、患者动脉搏动情况	2. “李大爷,消毒后你就不要动了,配合我好吗?”
	选部位	采集动脉血时多选择体表比较容易扪及或较易暴露部位的动脉,如股动脉、桡动脉和肱动脉	2. 穿刺区皮肤如有破损、感染、硬结、皮肤病等,不能进行穿刺抽血	
	消毒皮肤	取消毒棉签,以穿刺点为中心环形(直径5cm)消毒两遍	3. 消毒后皮肤需要待干,以达到良好消毒效果	
	肝素液湿润针管	先抽取少量肝素,湿润注射器后排尽	4. 如果使用普通注射器,需要注意排净空气	
	消毒手指	操作者消毒左手示指、中指或戴无菌手套	5. 过程中严格无菌操作	
	固定血管穿刺	1. 操作者左手示指、中指消毒后触摸到动脉搏动处(触摸动脉搏动最明显处定位) 2. 右手持注射器,从示指和中指之间垂直或与动脉走向呈45°角穿刺,穿刺后不必抽吸,如确入动脉,血液可自行进入注射器针管内,颜色鲜红。(图1-4)		3. “李大爷,扎针的时候有一点疼,请放松。”
	取血	穿刺成功后固定好注射器的位置,直至获取足够血量(1ml左右),迅速拔出注射器	6. 采取的标本中不能出现气泡,一旦出现气泡,取得的标本必须放弃	
	按压穿刺点	用无菌纱布或棉球按压穿刺点5~10分钟		
	隔绝空气	立即将针尖斜面刺入橡皮塞或专用凝胶针帽隔绝空气		4. “李大爷,标本采集结束,因为是在动脉采血现在您需要按压棉球10分钟,防止针眼出血。”
	转动注射器	双手来回转动注射器使肝素稀释液与血液充分混合,防止凝血	7. 采血后针头刺入橡皮塞与空气隔离,再把注射器放在两手手掌之间转动5秒,使血液与抗凝药充分混匀。如果标本凝血将影响血气检查结果	

续表

步骤		操作流程及要点	注意事项	健康宣教
实施	贴好标签送检	1. 贴好标签,送检时再次核对 2. 标本立即送检	8. 标本需立即送检,如果遇特殊情况不能送检,应置于4℃冰箱内保存,一般不宜超过2小时,以免影响结果	5.“李大爷,标本已经送走了,等结果出来后,我们会告诉您的,您先休息,有事请按呼叫器。”
	整理用物	整理用物,垃圾分类处理	按医疗垃圾分类原则正确分类处置	
评价		患者配合好,无菌操作规范,标本采集符合操作要求		

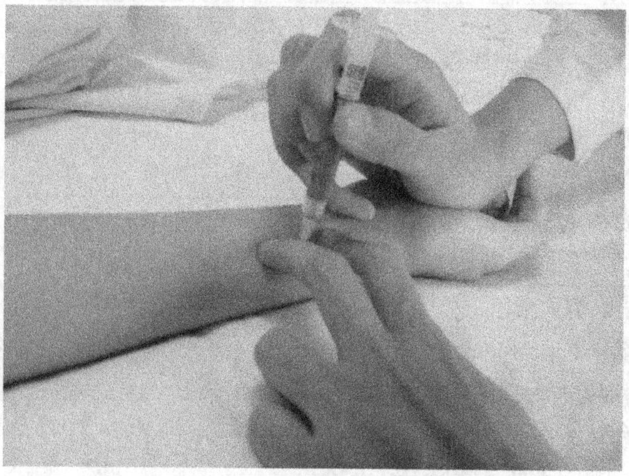

图 1-4　桡动脉穿刺

(黄文晨　孙　洪)

任务四　输液泵的使用

【任务目标】

1. 知识目标:掌握输液泵使用的适应证和禁忌证;熟悉输液泵的使用目的。
2. 技能目标:掌握输液泵操作步骤及要点。
3. 素质目标:培养学生认真、细致严谨的态度。

【任务场景】

患者李某某,男,54岁,高血压病史15年,今晨突发头痛,头晕,入院测血压180/110mmHg,医嘱:硝普钠50mg+0.9% NaCl 100ml,输液泵泵入,10滴/min。护士应如何正确给药?

【相关理论】

1. 定义　输液泵是一种能够准确控制输液滴速或输液流速,保证药物能够速度均匀、药量准确并且安全地进入患者体内发挥作用的一种仪器。

2. 目的

(1) 准确控制输液滴速或输液流速,保证药物能够速度均匀、药量准确并且安全地进入患者体内。

(2) 提高临床给药操作的灵活性,降低护理工作量。

3. 适应证

(1) 危重患者的抢救、心血管病患者的治疗。

(2) 特殊药物输液,需严格按设定速度的特殊药物。

4. 禁忌证　无绝对禁忌证。

【任务流程及要点】

步骤		操作流程及要点	注意事项	健康宣教
评估		1. 患者的身体状况 2. 注射部位的皮肤及血管情况 3. 外接电源、环境安全、泵管完整性		
计划	环境	安静、安全、整洁 温湿度适宜	1. 保持病室安静、舒适,护士注意无菌操作,操作用物齐全,患者能够配合操作	1. 告知患者或陪留家属输液泵的相关知识 2. 告知使用药物的特殊性,不能擅自调速的原因
	护士	服装整洁、修剪指甲 洗手、戴口罩		
	患者	了解输注的药物、目的、注意事项、配合要点		
	用物	注射盘内放:皮肤消毒液,2%碘酊、75%乙醇或0.5%碘伏;无菌棉签;泵管1根;输液泵一台、头皮针、输液贴、100ml注射器、止血带、弯盘		
实施	检查输液泵	检查输液泵电路、电源和仪器状态	2. 按照仪器使用说明正确操作,延长仪器使用寿命	
	核对配置药液	1. 根据医嘱在治疗室准备药液 2. 检查无误后,按无菌操作原则配置药液	3. 医嘱必须经过2名护士核对确认无误后才可以执行 4. 认真核对检查药物,正确书写标签	
	核对解释	1. 再次核对药物、患者基本信息 2. 协助患者取舒适体位	5. 严格"三查七对"制度,必要时请患者参与,确保用药安全	

续表

步骤		操作流程及要点	注意事项	健康宣教
实施	固定、连接输液泵管（图 1-5）	1. 输液泵固定于固定架上，连通电源 2. 常规消毒液体瓶塞，连接好输液泵管，并将泵管充满液体，排净空气 3. 打开输液泵门，把排好气的输液泵管置于输液泵槽内感应器处，并妥善固定 4. 关闭输液泵门	6. 选择、检查专用泵管的型号、有效期，特殊药物使用配套输液泵管 7. 输液泵高于患者心脏 30 厘米，以确保输液效果 8. 对输液泵进行操作时，勿用湿手接触电源插头，不能在阳光直射或者强光直射下使用。使用时传感器插头一定要插紧，否则导致不能正常工作	3. 告知患者或家属不能随意搬动、调节输液泵，避免意外发生
	设置输液泵参数（图 1-6）	1. 打开电源开关，根据医嘱设置参数，先调定输液总量，调定每小时输液量，开启动键，开始滴注 2. 若更改输液速度先按“停止”键，重新设置后再按启动键 3. 如有回血，先按“停止”键再按“冲洗”键，待血回流后再按“启动”键		4. 告知患者有报警信号及时按呼叫器通知医务人员，同时护理人员会经常巡视病房，及时发现并排除故障
	观察患者故障排除	1. 每隔 15~30 分钟巡视一次，检查时间与输入量是否相符 2. 密切观察局部血管情况 3. 密切观察并记录输液过程中患者的反应，及时处理输液故障 4. 若输液泵报警系统闪亮，应及时作出相应处理	9. 密切观察血压、脉搏变化，反馈给医生以便及时调整医嘱 10. 因各种原因需打开输液泵时，应先夹闭输液管，避免药物快速输入引起不良反应	
	注射完毕	1. 停止输液泵时，先按“停止”键后关电源，打开输液泵门，取出输液管，拔电源插头 2. 输液结束后撤离用品，消毒擦干输液泵，并检查其性能，妥善存放备用	11. 要经常对输液泵进行擦拭，保持清洁，以免凝固影响开门等机构的灵活性，以及药物对输液泵的腐蚀。用湿润干净抹布或乙醇棉球清洗时，务使液体流入输液泵内。气泡探头表面要保持清洁，以免降低灵敏度 12. 输液泵禁止存放在被风扇、空调、电炉、暖气、加湿器等冷湿(热)气流直接吹拂的地方	
	整理洗手	1. 正确处置医疗垃圾 2. 六步洗手		
	记录	1. 患者用药的反应 2. 仪器使用记录		
评价		患者能够配合操作，护士操作准确无误，无操作并发症发生		

图 1-5　固定连接输液泵管

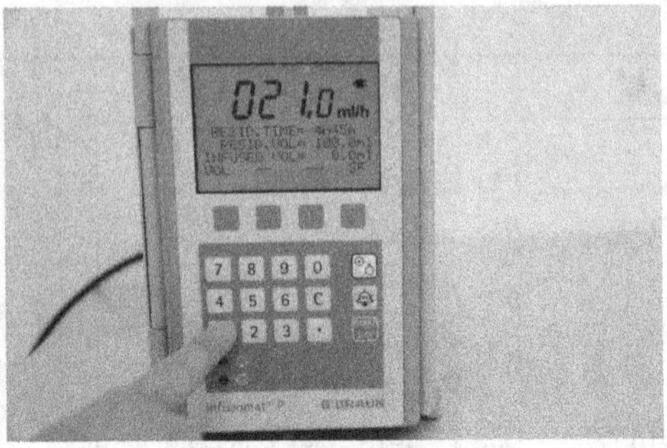

图 1-6　设置

（黄文晨　徐秀英）

任务五　微量泵的应用

【任务目标】

1. 知识目标：掌握微量泵的适应证和禁忌证；熟悉微量泵的应用目的。
2. 技能目标：掌握微量泵的应用操作步骤及要点。
3. 素质目标：培养认真、细致、严谨的工作态度。

【任务场景】

患者李某某，男 54 岁，高血压病史 5 年，今晨突发头痛，头晕，入院测血压 180/110mmHg，医嘱：硝普钠 50mg+0.9% NaCl 50ml 微量泵泵入：5ml/h（避光），护士应如何正确给药？

【相关理论】

1. 定义　应用微量泵将少量药液精确、微量、均匀持续地泵入体内。

2. 目的　通过机械或电子的输液控制装置作用于输液导管达到控制输液的目的，保证患者准确注入单位时间药液量，达到最佳治疗效果。

3. 适应证　危重患者的抢救、心脑血管病患者、需准确用药者、儿科患者的治疗、特殊药物输液等。

4. 禁忌证　无绝对禁忌证。

【任务流程及要点】

<table>
<tr><th colspan="2">步骤</th><th>操作流程及要点</th><th>注意事项</th><th>健康宣教</th></tr>
<tr><td colspan="2">评估</td><td>1. 患者病情、心理反应、合作程度
2. 注射部位的皮肤及血管情况</td><td></td><td></td></tr>
<tr><td rowspan="4">计划</td><td>环境</td><td>安静、安全、整洁
温湿度适宜</td><td rowspan="4">1. 保持病室安静、舒适，护士注意无菌操作，操作用物齐全，患者能够配合操作</td><td rowspan="4">1. 告知患者或陪留家属微量泵的相关知识
2. 告知使用药物的特殊性，不能擅自调速的原因</td></tr>
<tr><td>护士</td><td>服装整洁、修剪指甲
洗手、戴口罩</td></tr>
<tr><td>患者</td><td>了解微量泵的应用目的、方法、配合要点</td></tr>
<tr><td>用物</td><td>微量泵、微量泵前管及 50ml 注射器、三通管、消毒治疗巾等</td></tr>
</table>

续表

步骤		操作流程及要点	注意事项	健康宣教
实施	核对解释	核对药物、患者，向患者解释微量泵应用的目的，注意事项，取得配合	2. 医嘱必须经过2名护士核对确认无误后才可以执行 3. 认真核对检查药物，正确书写标签 4. 按照仪器使用说明正确操作，延长仪器使用寿命 5. 严格“三查七对”制度，必要时请患者参与，确保用药安全 6. 需避光的药液（如硝普钠），应用避光注射器或用避光纸遮盖管道 7. 微量泵的速率设置在0.9~99ml/h	3. 告知患者或家属不能随意搬动、调节输液泵，避免意外发生
	安装注射器	1. 打开微量泵前管，连接注射器上，排尽空气 2. 打开微量泵扣和注射夹 3. 将抽有药液的注射器刻度朝外放入微量泵注射器安全支架上，关闭注射器和微量泵扣		
	接通电源排气	接通微量泵电源如泵内有气泡，可按“快速冲流”键，排尽微量泵内空气		
	设置参数	设置泵入速度、泵入量，并再次核对（图1-7）		
	连接静脉	与事先穿刺好的静脉通路连接（可以使用三通接头）（图1-8）		
	启动注射	按微量泵启动键，开始泵入，再次核对		
	观察患者用药反应	密切观察输注情况及患者用药后反应，及时遵医嘱调节泵入速度	8. 更换药液时，应先夹闭静脉通道，暂停微量泵注射，取出注射器，更换完毕后取出注射器，核对无误，开放静脉通道，启动微量泵开始注射	4. 输注过程中，如有药液外渗或身体不适，或泵管脱落请及时按呼叫器告知医务人员，同时护理人员会经常巡视病房，及时发现并排除故障
	注射完毕	拔出针头或分开与静脉通道的连接。关闭电源，取出注射器，擦拭微量泵，备用		
	整理洗手	收回微量泵、正确处置医疗垃圾、六步洗手	9. 经常巡视观察静脉注射部位有无液体渗出及连接部位有无松动或开脱	
	记录	1. 患者用药的反应 2. 仪器使用记录		
评价		患者能够配合操作，护士操作准确无误，无操作并发症发生		

图1-7　设置参数

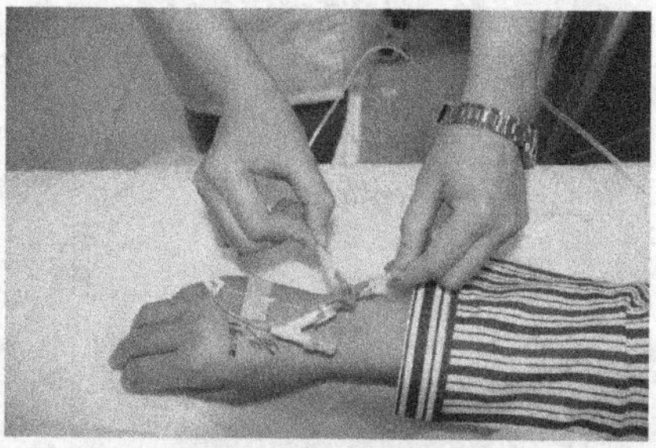

图1-8　连接静脉

（黄文晨　薛　艳）

模块二

专科常用护理技术

任务一　COPD 患者的呼吸肌功能锻炼

【任务目标】

1. 知识目标：掌握呼吸肌功能锻炼的适应证和禁忌证；熟悉呼吸肌功能锻炼的目的。
2. 技能目标：掌握呼吸肌功能锻炼方法。
3. 素质目标：培养良好的沟通技巧和指导技能。

【任务场景】

患者李某某，男，72 岁，慢性咳嗽、咳痰 15 年，近 3 年来活动后气短，因受凉感冒后加重 3 天来医院就诊。医疗诊断为慢性阻塞性肺气肿。为了改善患者呼吸困难的症状，需指导患者进行呼吸功能锻炼，应如何进行？

【相关理论】

1. 定义　是指通过有效的呼吸肌锻炼可以明显增强呼吸肌的肌力和耐力，提高运动能力。
2. 目的　改变浅而快的呼吸为深而慢的有效呼吸。
3. 适应证　主要用于慢性阻塞性肺气肿缓解期患者。
4. 禁忌证　无绝对禁忌证，对于严重呼吸衰竭及心力衰竭患者要慎用。

【任务流程及要点】

步骤		操作流程及要点	注意事项	健康宣教
评估		患者的病情、知识水平、合作程度以及是否是缓解期患者		
计划	环境	安静、安全、整洁 温湿度适宜	1. 患者呼吸肌功能锻炼要避开检查、治疗、护理操作时；饭后 30 分钟内和睡前 1 小时不易进行	“李大爷，您好！我是您的责任护士，由于您患病时间太长，呼吸功能不好，为了改善您的缺氧状况，现在需要你配合，和我一起练习呼吸，一会听我的提示，看我动作，和我一起学好吗？”
	护士	服装整洁、修剪指甲 洗手		
	患者	患者能理解呼吸肌功能锻炼的目的、方法与要求，愿意配合		
	用物	表（计时用）		

续表

步骤		操作流程及要点	注意事项	健康宣教
实施	腹式呼吸训练(图 2-1)		2. 呼吸功能锻炼应在患者能耐受的时间进行,开始练习每次 10~15 分钟,2~3 次/天,逐步增加次数和时间	护士先演示一遍腹式呼吸,再分解步骤讲解训练要令,指导患者学会腹式呼吸和缩唇呼吸
	体位	取立位、平坐位或半卧位,左右手分别放置于前胸部和上腹部		
	吸气	用鼻缓慢吸入,尽力挺腹,腹部手向上抬起,胸部手在原位不动		
	呼气	呼气时用口呼出,同时收缩腹部,胸廓保持最小活动幅度		
	缩唇呼吸训练		3. 呼气流量以能使距口唇 15~20cm 处,与口唇等高点水平的蜡烛火焰随气流倾斜又不致熄灭为宜	
	吸气	用鼻深吸气		
	呼气	缩唇(吹口哨状)缓慢呼气,呼气与吸气的时间比为(2~3):1		
评价		护士演示、指导方法正确,患者能够掌握操作要令,实施训练效果好		

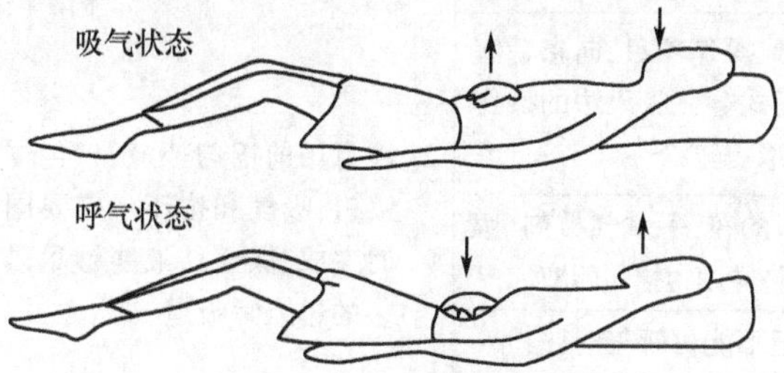

图 2-1　腹式呼吸训练

(薛　艳　周　茜)

任务二　支气管哮喘患者的手压式雾化吸入

【任务目标】

1. 知识目标:掌握手压式雾化吸入适应证和禁忌证;熟悉手压式雾化吸入的目的。
2. 技能目标:掌握手压式雾化吸入操作步骤及要点。
3. 素质目标:培养良好的沟通技巧和指导技能。

【任务场景】

患者李晓,女,36 岁,有支气管哮喘的病史。住院期间突然出现面色苍白,口唇发绀,张口呼吸,喘息等。患者随身携带沙丁胺醇气雾剂,假如你是在场的一名护士,应如何协助患者使用气雾剂来控制病情?

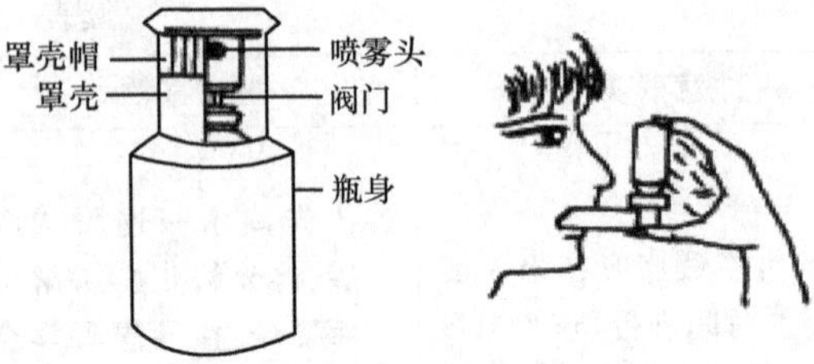

图 2-2 手压式雾化吸入

【相关理论】

1. 定义　手压式雾化吸入法是用拇指、示指(或中指)分别置于雾化吸入器(图 2-2)顶部、底部,同时按压,使药液从喷嘴以雾滴状喷出,作用于口咽部、气管、支气管黏膜,达到治疗作用的方法。

2. 目的　保证有效准确地吸入药物治疗剂量。

3. 适应证　支气管哮喘患者。

4. 禁忌证　无禁忌证。

【任务流程及要点】

步骤		操作流程及要点	注意事项	健康宣教
评估		患者的病情、意识、合作程度		
计划	环境	安静、安全、整洁 温湿度、光线适宜	1. 呼吸内科病室内不可以摆放鲜花、使用空气清新剂或香水等诱发患者哮喘发作的植物	1. 告知患者及探视人员易诱发哮喘的植物或物品不准带入病区 2. 详细阅读说明书,告知患者少数病例用药后可见肌肉震颤,外周血管舒张及代偿性心率加速,头痛,不安,及过敏反应,如果有以上症状出现不要紧张,按呼叫器或告诉医护人员,帮助患者
	护士	服装整洁、修剪指甲 洗手		
	患者	了解手压式雾化吸入法的操作方法及注意事项		
	用物	手压式雾化吸入装置		
实施	解释核对	核对患者、操作项目,向患者解释手压式雾化吸入法的操作要点,取得配合	2. 注意用前摇匀药液,口包住喷口,吸气和按压一定要同时完成,保证药液能够尽量多的进入呼吸道	
	摇匀药液	打开喷口的盖,手拿气雾剂(喷口朝下)并用力摇匀药液		
	深呼气	深呼气至不能再呼气时张口		
	吸气同时按压喷药	立即将喷口置于口内,并合上嘴唇,含住喷口以慢而深的方式经口吸气,同时用手指按压喷药		
	呼气	至吸气末屏气 10s,或在没有不适的感觉下尽量屏气久些,使较小的雾粒沉降在气道远端,然后缓慢呼气	3. 药物使用后按存放要求放在患者随手可取处,疾病急性发作时随时可以取用	
	漱口	吸入后应及时漱口		
	观察记录	1. 清洁或消毒喷口,套好盖备用 2. 记录患者症状改善时间及有无并发症或用药后不良反应	4. 患者用药后最快 1~5 分钟起效,在患者哮喘症状没有完全缓解前,护士不得离开病人	
评价				

(薛　艳　孙　洪)

任务三　支气管扩张患者的体位引流

【任务目标】

1. 知识目标：掌握体位引流的适应证和禁忌证；熟悉体位引流术的目的。
2. 技能目标：掌握体位引流的操作步骤及要点。
3. 素质目标：培养良好的沟通、协作及指导能力；树立人文关怀的理念。

【任务场景】

患者王翠兰，女，60 岁，慢性咳嗽，咳大量脓痰，近一周因受凉感冒，咳嗽加重，咳大量黄绿色脓性痰来医院就诊。体检：T37℃，P90 次/分，R20 次/分，BP110/70mmHg，左肺底闻及细湿罗音，诊断："支气管扩张"。现需进行体位引流有效清除痰液，责任护士应如何进行？

【相关理论】

1. 定义　根据病变部位采取不同体位，利用重力作用促使呼吸道分泌物流向支气管、气管排出体位的方法。

2. 目的　清除呼吸道分泌物。

3. 适应证　慢性支气管炎、支气管扩张、肺脓肿等有大量痰液而排出不畅者以及支气管碘油造影术后。

4. 禁忌证　呼吸功能不全、有明显呼吸困难和发绀者，近 1~2 周有大咯血史，严重心血管疾病或年老体弱而不能耐受者。

【任务流程及要点】

<table>
<tr><th colspan="2">步骤</th><th>操作流程及要点</th><th>注意事项</th><th>健康宣教</th></tr>
<tr><td colspan="2">评估</td><td>患者的病情、意识、合作程度，是否耐受体位引流等</td><td rowspan="5">1. 操作前行 X 线胸片检查，确定病变所在部位
2. 引流时间在晨起、临睡前或饭后 2 小时进行，避免进食后进行引流，以免发生呕吐
3. 痰液多而黏稠不易咳出的患者，引流前 15min 遵医嘱先进行雾化吸入</td><td rowspan="5">1. "您好，请告诉我您的姓名？"
2. "王阿姨您好，我是您的责任护士，由于您痰液黏稠，不易咳出，遵医嘱我要为您进行体位引流，以促进痰液的排出，就是根据您的病变部位，采取相应的体位，利用重力的作用排出痰液的方法，请您和我配合"
3. "为了避免您发生呕吐，在您饭后 2h 进行"</td></tr>
<tr><td rowspan="4">计划</td><td>环境</td><td>安静、安全、整洁
温湿度适宜、光线适中</td></tr>
<tr><td>护士</td><td>服装整洁、修剪指甲
洗手</td></tr>
<tr><td>患者</td><td>患者能理体位引流术的目的、方法与要求，愿意配合</td></tr>
<tr><td>用物</td><td>枕头数个、听诊器、弯盘、痰杯、漱口杯及漱口溶液，纱布，必要时备吸痰用物、口腔护理用物</td></tr>
</table>

续表

<table>
<tr><th colspan="2">步骤</th><th>操作流程及要点</th><th>注意事项</th><th>健康宣教</th></tr>
<tr><td rowspan="5">实施</td><td>解释核对</td><td>核对患者及操作项目，取得患者的配合</td><td rowspan="5">4. 根据病变部位，按照引流原则，选择正确的体位，引流体位应使患者舒适
5. 对于体弱无力者，辅以胸部叩击和胸壁震荡
6. 引流时密切观察患者有无咯血、发绀、头晕、出汗、呼吸困难等情况化，如有异常，应及时中断引流
7. 根据患者的体力情况和病情需要，决定每日引流次数。引流时间 10 ~ 15min，2~3 次/天
8. 指导患者多饮水，防治呼吸道感染
9. 垃圾处理符合医疗用物处理原则</td><td rowspan="5">4.“王阿姨，您好，我们现在开始操作吧。根据 X 线检查和听诊，您的痰液大量聚集于左肺底部，为了有效排痰，我协助您采取头低足高位”
5.“阿姨，您先躺平，我先将您的枕头放于床头，这样可以避免碰伤头部”
6.“好，您躺好了，我把床尾用木墩垫高 30cm，您哪里不舒服，物品用枕头帮您支撑一下”
7.“您现在感觉还好吧请您深呼吸后用力咳嗽，这样痰液就比较容易咳出来了”
8.“您感觉还好吗？如果您感觉头晕、呼吸困难或有其他不舒服，请您及时告诉我”
9.“请您把痰液吐到这个痰杯里”
10.“好了，我帮您漱下口”
11.“阿姨，操作已经结束了，您平时要多喝水，保持口腔清洁。现在请您先休息，如果您有其他不适请您及时按呼叫铃”</td></tr>
<tr><td>引流前准备</td><td>1. 听诊肺部，确定分泌物集聚部位
2. 协助患者采取适当姿势（图 2-3），用枕头适当支托，使分泌物集聚部位在最高处
3. 将弯盘置于患者下颌处，以收集排出的分泌物</td></tr>
<tr><td>引流期间</td><td>1. 鼓励并指导患者做深呼吸、有效咳嗽，以利于痰液排出
2. 以上姿势最少保持 15min，5mim 保持重力引流位，5min 叩背，5min 咳痰
3. 必要时给患者进行吸痰
4. 观察引流是否通畅
5. 协助清除引流出的分泌物</td></tr>
<tr><td>引流后护理</td><td>1. 引流结束后，清水或漱口液漱口，用纱布擦净口周；必要时进行口腔护理
2. 正确留取痰标本并及时送检</td></tr>
<tr><td>整理记录</td><td>1. 协助患者取舒适体位
2. 用物按垃圾处理原则分类处理
3. 洗手；记录分泌物排出的性状、颜色及量</td></tr>
<tr><td colspan="2">评价</td><td colspan="3">操作规范、患者满意
患者痰液顺利排出，无并发症</td></tr>
</table>

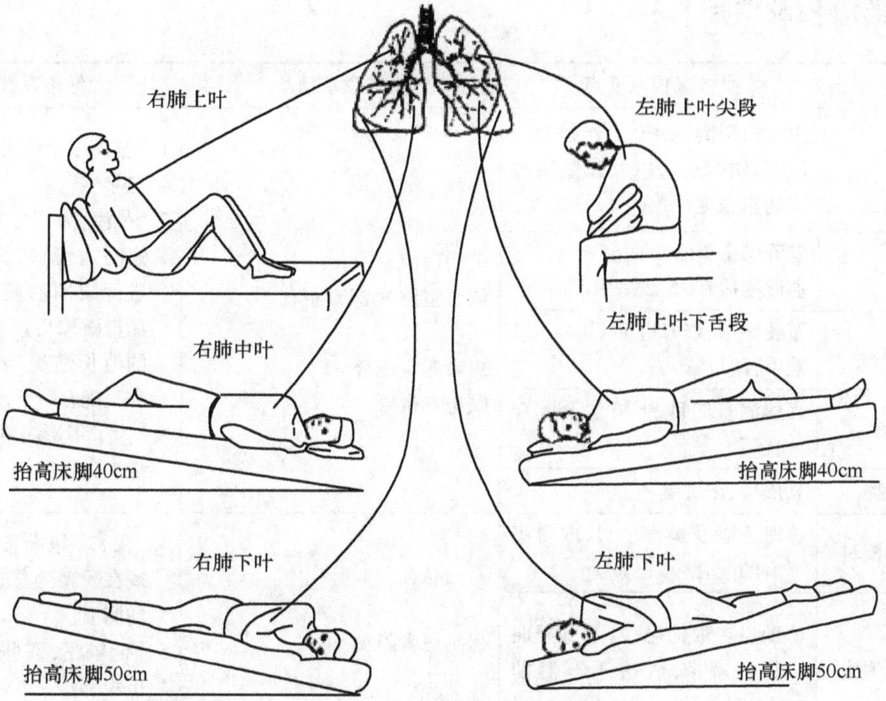

图 2-3　体位引流时患者体位

（薛　艳　徐秀英）

任务四　肝硬化并腹水患者的腹围测量

【任务目标】

1. 知识目标：掌握腹围测量的适应证和禁忌证。
2. 技能目标：掌握腹围测量的操作步骤及要点。
3. 素质目标：操作规范、正确，动作轻柔，注意保护患者隐私。

【任务场景】

患者吴海，男，45 岁，乏力、纳差半年，近 2 月出现腹胀，呈进行性加重，体重无明显减轻。查体：巩膜轻度黄染，胸前见 2 个蜘蛛痣，腹膨隆、腹水征(+)、双下肢轻度水肿，B 超示肝脏缩小，腹腔大量积液。诊断："肝硬化并腹水"。为了观察患者腹水的消长情况，需进行腹围测量，责任护士应如何进行操作？

【相关理论】

1. 定义　是利用测量工具对患者腹部周径进行测量的技术。
2. 目的　测量并记录患者腹围变化情况，观察病情变化及转归，为治疗护理提供依据。
3. 适应证　用于肝硬化等疾病引起的腹水导致患者腹部周径异常的病情观察。
4. 禁忌证　无禁忌证。

【任务流程及要点】

<table>
<tr><th colspan="2">步骤</th><th>操作流程及要点</th><th>注意事项</th><th>健康宣教</th></tr>
<tr><td colspan="2">评估</td><td>患者的病情、意识、合作程度
腹部、腰部皮肤以及腹壁肌肉的紧张度</td><td rowspan="5">关闭门窗
调节室温为24℃左右

患者愿意配合
嘱患者排尿</td><td rowspan="5">1.“您好，请问您叫什么名字？”
2.“吴海，为了更好地监测您的病情，每日要为您进行腹围的测量，通过测量腹围可以观察腹水的消长情况，希望您能和我配合一下。”
3.“为了不影响测量结果，请您先排尿。”</td></tr>
<tr><td rowspan="4">计划</td><td>环境</td><td>安静安全整洁
温湿度适宜、光线适中</td></tr>
<tr><td>护士</td><td>服装整洁、修剪指甲
洗手、戴口罩</td></tr>
<tr><td>患者</td><td>理解测量的目的、方法及配合技巧</td></tr>
<tr><td>用物</td><td>软皮尺、记录单、笔</td></tr>
<tr><td rowspan="4">实施</td><td>解释核对</td><td>核对患者及操作项目，取得患者的配合</td><td rowspan="4">保护患者隐私

软皮尺贴紧皮肤，松紧度适宜
动作轻柔，注意观察患者反应</td><td rowspan="4">4.“吴海，您准备好了吗？现在我要为您进行腹围的测量。”
5.“请躺平，双膝屈曲，露出腹部。”
6.“您有什么不舒服吗？”
7.“您今天的腹围是110cm，明天我会在来为您监测的。”
8.“您在生活中注意饮食以清淡为主，限制水、盐的摄入，保持皮肤清洁，注意休息。如果您有其他不适，请您及时按呼叫铃通知我，好的，您先休息。”</td></tr>
<tr><td>安置体位</td><td>协助患者取仰卧位，双膝屈曲
解开裤带，脱裤子至髂前上棘</td></tr>
<tr><td>测量</td><td>请患者放松，软皮尺沿脐水平线绕腹一圈</td></tr>
<tr><td>整理记录</td><td>协助病人整理衣裤，整理床单位
将软皮尺用75%乙醇纱布擦拭后放进清洁容器备用
洗手、记录测量值</td></tr>
<tr><td colspan="2">评价</td><td>患者舒适、满意
测得的腹围数值准确</td><td></td><td></td></tr>
</table>

（薛 艳 周 茜）

任务五 急性胰腺炎患者的十二指肠引流

【任务目标】

1. 知识目标 掌握十二指肠引流术的护理适应证和禁忌证；熟悉十二指肠引流术的护理目的。
2. 技能目标 掌握十二指肠引流术的护理操作步骤及要点。
3. 素质目标 培养良好的沟通技巧、高度的责任感。

【任务场景】

患者周鹏，男，36岁，饮酒后突然出现剧烈的上腹部疼痛来医院就诊，查体：体温升高、血清淀粉酶升高，腹部 CT 示胰腺饱满，心电图正常、胸片正常。医疗诊断："急性胰腺炎"。现需进行十二指肠引流以缓解患者的病情，护士应如何做？

【相关理论】

1. 定义　是指通过插引流管至十二指肠获取十二指肠液、胆总管液、胆囊液、肝内胆管液进行检验分析并治疗一些肝胆胰疾患的技术。

2. 目的

(1) 了解肝胆系统有无梗阻、炎症、结石、寄生虫、肿瘤等。

(2) 引流治疗一些肝胆胰疾患。

3. 适应证

(1) 临床怀疑有肝胆胰疾病需要收集胆汁、胰液检验分析的患者。

(2) 因肝胆胰疾病需要进行引流治疗的患者。

4. 禁忌证

(1) 消化道狭窄或梗阻患者。

(2) 主动脉瘤、心力衰竭、重症高血压、重症动脉硬化、食管静脉曲张、食管癌等。

【任务流程及要点】

步骤		操作流程及要点	注意事项	健康宣教
评估		患者病情、意识、合作程度 患者禁食水情况 口腔黏膜情况、是否有义齿	1. 前一日晚 9 点开始禁食、禁水并在床尾及服药车上示以明显标记 2. 有义齿者取下放入冷开水中 3. 必要时屏风遮挡患者 4. 了解目的，愿意配合 5. 试管先标明号码 A、B、C、D	1. "您好，请告诉我您的姓名？" 2. "周鹏，由于病情需要，遵医嘱要为您进行十二指肠引流，就是将这样的(向患者展示引流管)一根引流管经口腔插入胃、十二指肠，以引流十二指肠液，留取标本协助诊断。操作中会有一些不舒服，我会尽量动作轻柔，也会指导您如何和我配合来完成操作，希望您能和我配合一下。" 3. "您从昨晚 9 点以后就到现在吃东西了吗？你有活动的假牙吗？那您还有其他需要吗？关于这项操作，您还有疑问需要我为您解答吗？"
计划	环境	安静安全整洁 温湿度适宜、光线适中		
	护士	服装整洁、修剪指甲 洗手、戴口罩		
	患者	了解目的、注意事项及配合要点		
	用物	十二指肠引流包(治疗巾、十二指肠引流管、弯盘、血管钳、50ml 注射器、玻璃试管 4 支、pH 试纸)、消毒手套、液体石蜡、33%硫酸镁 50ml、医用胶布		

续表

<table>
<tr><th colspan="2">步骤</th><th>操作流程及要点</th><th>注意事项</th><th>健康宣教</th></tr>
<tr><td rowspan="8">实施</td><td>核对解释</td><td>核对患者、操作项目，取得患者和家属的配合</td><td rowspan="8">1. 引流管已达咽部时，嘱患者做吞咽动作，若有恶心可暂停，嘱患者深呼吸
2. 开放引流管并观察引流液的颜色，如引流液持续为黄色，用pH试纸测其酸碱度，如为碱性，即达十二指肠
3. 如插管已深，仍不见碱性液体流出，说明导管可能盘绕胃中，可将导管抽出少许，重新吞入
4. 幽门痉挛时，可用幽门松弛剂，如肌注阿托品0.5mg或山莨菪碱10mg以松弛幽门，或用胃复安或吗丁啉以加速通过幽门
5. 可在引流管内插入一根钢丝，接X线透视协助插管
6. 若经3小时仍未能进入十二指肠，则终止检查
7. 标本采集完毕，将引流管抽出时，当管端金属头退至喉头时，嘱患者勿做吞咽动作，避免损伤咽喉拔管后个别患者有轻微咽部不适或疼痛感，个别有腹泻，嘱其不必紧张，咽部疼痛与引流压迫有关，腹泻与硫酸镁有关，在短时间内会消失</td><td rowspan="8">4. “周鹏您好，您准备好了吗？我们现在开始操作了。”
5. “为了便于操作，请您配合我取半坐卧位，来，头稍向后仰。”
6. “如果在操作中您有不适，请您及时告诉我。现在请您像咽面条一样往下咽，好，您配合得非常好！”
7. “请您深呼吸，现在感觉还好吗？那我们继续操作，请您配合我取左侧位，好，继续往下咽。”
8. “现在还好吗？我们休息一会，您先坐于床边，上身前倾，反复做深呼吸，对，就这样，放轻松”
9. “那我们继续操作可以吗？来取右侧卧位，继续做吞咽动作，好，马上就要好了。”
10. “周鹏您配合得非常好，现在引流管已经为您插好了，我用胶布固定一下。”
11. “现在引流结束，可以拔管了，我还是会告诉您如何与我配合。”
12. “现在呼气，好的，现在引流管已为您拔出，您可以喝一口温开水漱一下口，感觉还好吗？”
13. “或许您会感觉咽部有疼痛或不适，这是由于引流管刺激和压迫引起；如果有腹泻，是由于注入药物引起的，您都不要紧张，这些都是暂时的，慢慢就会消失。”
14. “您还有其他需要吗？如果您有其他的不适，请您及时按呼叫铃，我也会随时来看您的。那您先休息！”</td></tr>
<tr><td>安置体位</td><td>协助患者取半坐卧位，头稍后仰，铺治疗巾，弯盘置于颌下</td></tr>
<tr><td>插入引流管至胃内</td><td>用液体石蜡润滑导管前端，经口腔插至45～50cm处，抽出全部胃内容物</td></tr>
<tr><td>插入引流管至十二指肠</td><td>1. 取左侧卧位，头高脚低，嘱患者做吞咽动作，继续插入导管至60cm标记处
2. 协助患者取右侧卧位头低脚高，嘱患者做吞咽动作，缓慢插管至75cm标记处，检验导管是否在十二指肠内
3. 确定导管在十二指肠内用胶布固定</td></tr>
<tr><td>注入硫酸镁</td><td>将加温至37℃的33%硫酸镁50ml注入引流管内，用血管钳夹闭管口5～10min</td></tr>
<tr><td>接取引流液</td><td>1. 放开血管钳液体自然流出
2. 留取标本，分别留于A、B、C、D试管中
3. 引流治疗：将管放低，根据医嘱引流5～30min</td></tr>
<tr><td>拔出引流管</td><td>1. 引流完毕，用血管钳夹闭引流管的外端
2. 手持清洁纱布包裹引流管，缓慢将引流管拔出
3. 温开水给患者漱口，协助取舒适体位</td></tr>
<tr><td>整理记录</td><td>1. 协助患者取舒适卧位，整理床单位
2. 按医疗垃圾处理原则分类处理
3. 洗手；引流液的颜色、性状及引流液的量
4. 准确记录出入液量；认真做好交接班</td></tr>
<tr><td colspan="2">评价</td><td colspan="3">操作熟练、与患者沟通良好
患者无并发症</td></tr>
</table>

（薛　艳　黄文晨）

任务六　糖尿病患者的血糖测定

【任务目标】

1. 知识目标　掌握血糖测定的适应证和禁忌证;熟悉血糖测定的目的。
2. 技能目标　便携式血糖仪血糖监测操作步骤。
3. 素质目标　有严格的无菌观念,较好的沟通技巧。

【任务场景】

患者陈静,女,40岁,半年来出现多饮、多食、多尿近一个月体重明显减轻,来医院就诊。医生嘱咐门诊护士小李先为患者测血糖。小李应如何使用便携式血糖仪为陈静测定血糖?

【相关理论】

1. 定义　应用便携式血糖检测仪检测血糖的方法。
2. 目的
(1) 更好地掌控患者的血糖变化。
(2) 指导患者的饮食、运动及治疗。
3. 适应证
(1) 糖尿病患者。
(2) 老年患者或其他未明确诊断血糖异常者。
(3) 其他病的患者如感染、心肌梗死、脑卒中等以及手术前后等。
4. 禁忌证　无绝对禁忌证。

【任务流程及要点】

<table>
<tr><th colspan="2">步骤</th><th>操作流程及要点</th><th>注意事项</th><th>健康宣教</th></tr>
<tr><td colspan="2">评估</td><td>1. 患者的诊断、病情、心理反应、合作程度
2. 查看取血部位皮肤情况</td><td rowspan="5">1. 采血部位皮肤清洁、无瘢痕、炎症、皮肤病等
2. 符合无菌操作要求,附近不要有电视、手机、微波炉等电子设备,防止干扰
3. 患者理解目的、愿意配合
4. 用物齐全、放置合理、有序
5. 检查血糖仪的电池情况,检查血糖仪上显示的编码,与试纸上的数字一致
6. 血糖试纸应密闭、避光保存、保持干燥、在有效期内</td><td rowspan="5">1. “您好,请问一下您叫什么名字?陈静,由于您有多饮、多食、多尿等症状,为了明确诊断,要为您进行血糖监测,就是要在您的手指部位采集少量的血液,进行监测,希望您能和我配合一下”
2. “您从昨晚晚餐后到早上吃东西了吗?”(患者诉未进食)</td></tr>
<tr><td rowspan="4">计划</td><td>环境</td><td>安静安全整洁
温湿度适宜</td></tr>
<tr><td>护士</td><td>服装整洁、修剪指甲
洗手、戴口罩</td></tr>
<tr><td>患者</td><td>了解检测血糖的目的、注意事项、配合要点</td></tr>
<tr><td>用物</td><td>治疗盘(内放皮肤消毒液75%乙醇、无菌棉签)、便携式血糖仪、血糖试纸、采血针头、弯盘、记录单</td></tr>
</table>

续表

步骤		操作流程及要点	注意事项	健康宣教
实施(图2-4)	核对解释	查对医嘱、核对解释	1. 核对患者的姓名、床号、腕带 2. 取用试纸时手指不要接触试纸条的测试区 3. 将试纸条完全插到测试孔的底部 4. 手指、脚趾外缘是常见采血部位,此部位神经末梢少,痛觉不敏感且末梢血管丰富。但糖尿病患者末梢循环及免疫力差,不建议脚趾采血 5. 用75%的乙醇消毒,不宜采用含碘消毒剂 6. 手指取血的正确方法:从手指根部朝指尖方向挤血,切不可掐指尖取血 7. 刺皮后勿加力挤压,以免组织液混入血样,造成检测结果偏差 不要移动仪器和试纸,血样完全覆盖测试孔	3. “陈静,我们现在可以进行操作了吗?” 4. “请把您的手伸出来,我现在要扎一下手指,会出一点点血,不要紧张。” 5. “好,请您按压这里至不出血为止。” 6. “您的空腹血糖值为10.81mmol/l陈静,您的空腹血糖明显升高。”(告诉医生结果) 7. “根据医嘱还需要进一步抽血进行检查,在检查结果出来之前,你还是需要注意控制血糖,少吃或尽量不吃含糖高的食物、多吃粗粮,养成良好的生活习惯,注意休息和适当的锻炼,保持心情舒畅,祝您健康!”
	插入采血针	测试安装采血笔		
	插入试纸	1. 打开血糖仪电源 2. 用拇指与食指捏住试纸的手柄部位并取出一条 将试纸装在血糖仪内待用		
	取血采样(以手指采血为例)	1. 选择患者采血部位 2. 取无菌棉球夹于左手食指中间 3. 消毒指尖周围皮肤待干 4. 将采血针固定在手指欲采血部位,按释放按钮 5. 轻挤采血部位,使之有足够的血量		
	血样滴入测试孔	将血靠近试纸,将血样轻轻点于试纸点样区的边缘或上方 无菌棉签按压穿刺部位		
	读取数值	45s左右显示结果 正确读取数值		
	整理洗手	将采血针弃入锐器盒内,笔盖清洁 取出试纸弃入医用垃圾桶内,使用棉签或纱布清洁试纸支撑区 洗手 告知被测者血糖值并适当健康宣教		
	记录	记录血糖测量时间和血糖值		
评价		解释恰当,操作正确,患者配合好		

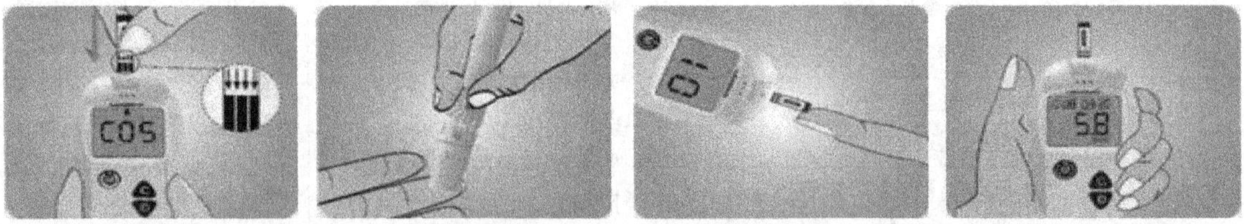

插入试条　　采血笔采血　　自动吸血　　10秒后显示准确结果

图2-4　血糖仪使用步骤

(薛　艳　孙　洪)

任务七　糖尿病患者的胰岛素笔皮下注射

【任务目标】

1. 知识目标　掌握胰岛素笔皮下注射适应证和禁忌证。熟悉胰岛素笔皮下注射的目的。
2. 技能目标　掌握胰岛素笔皮下注射的方法。
3. 素质目标　操作规范、正确,动作轻柔;注重培养学生的责任心。

【任务场景】

患者张涛，50岁，公务员。患糖尿病2年，口服降糖药血糖控制不理想，改用皮下注射胰岛素。医嘱：精蛋白生物合成人胰岛素注射液8U/皮下注射，2次/日，餐前30min。责任护士应如何正确使用胰岛素笔对患者进行胰岛素皮下注射？

【相关理论】

1. 定义　用胰岛素笔将胰岛素注射到皮下组织。
2. 目的　用于注射胰岛素，确保其剂量准确，控制血糖。
3. 适应证　患有糖尿病并且需要长期注射胰岛素的患者。
4. 禁忌证　对胰岛素过敏的患者禁用。

【任务流程及要点】

<table>
<tr><th colspan="2">步骤</th><th>操作流程及要点</th><th>注意事项</th><th>健康宣教</th></tr>
<tr><td colspan="2">评估</td><td>1. 患者的年龄、病情、血糖水平、意识状态、进食（时间、品种及量）
2. 注射部位有无瘢痕、炎症、硬结、瘀斑等情况
3. 患者对注射胰岛素的耐受情况及心理反应</td><td rowspan="5">1. 避开炎症、瘢痕、硬结等
2. 符合无菌操作要求
3. 六步洗手法洗手
4. 患者了解目的，愿意配合
5. 未开启的瓶装胰岛素和胰岛素笔芯应放在冰箱冷藏室（2～8℃）里保存，切忌放在冷冻室内</td><td rowspan="5">1. “您好，请告诉我一下您的姓名？”
2. “张先生，由于您患糖尿病要长期注射胰岛素，为了保障注射安全、有效、方便，使用胰岛素笔进行注射，您自己也可以学习胰岛素笔的使用方法，自己注射胰岛素。”
3. “您以前注射过胰岛素吗？”
4. “由于注射后15～30分钟必须进餐，那您的晚餐准备好了吗？”</td></tr>
<tr><td rowspan="4">计划</td><td>环境</td><td>安静安全清洁、温湿度适宜、光线适中</td></tr>
<tr><td>护士</td><td>服装整洁、修剪指甲
洗手、戴口罩</td></tr>
<tr><td>患者</td><td>了解胰岛素笔皮下注射的目的、方法、注意事项、配合要点</td></tr>
<tr><td>用物</td><td>75%乙醇、无菌棉签、胰岛素注射笔、针头、笔芯、医嘱本、手消毒液</td></tr>
<tr><td rowspan="2">实施</td><td>核对解释</td><td>查对医嘱，解释核对，取得患者的配合</td><td rowspan="2">1. 安装前应仔细检查笔芯是否完好，有无裂缝；笔芯中药液的颜色、性状有无异常，有无絮状物或结晶沉淀；笔芯是否在有效期内
2. 保证注射剂量的准确，一定要使用手指压回活塞杆。不可使用新的笔芯来按压活塞杆</td><td rowspan="2">5. “张涛，您好，我们现在可以开始操作了吗？”
6. “我教给你如何使用胰岛素笔，这样您出院回家就可以自己在家里注射了，请你像我这样做。”（向患者演示装笔方法）</td></tr>
<tr><td>装笔</td><td>1. 检查笔帽、笔芯架、机械装置、诺和针、诺和笔芯
2. 将笔帽拔出，旋开笔芯架，用手指直接按压活塞杆顶部，直至活塞杆不能移动
3. 检查胰岛素笔芯的剂型和有效使用期及质量，将笔芯插入笔芯架，轻轻将笔芯卡到笔身上，直至听到或感觉到“咔嗒”一声提示音</td></tr>
</table>

续表

<table>
<tr><th colspan="2">步骤</th><th>操作流程及要点</th><th>注意事项</th><th>健康宣教</th></tr>
<tr><td rowspan="8">实施</td><td>混匀胰岛素</td><td>需要混匀的胰岛素制，应先要将笔芯水平滚动10次，然后再上下晃动10次，以均匀混合</td><td rowspan="4">3. 每次注射，一定要使用新的诺和针一次性针头
4. 一般新笔芯为4个单位；已开始使用的笔芯为1个单位
5. 每次安装新笔芯和针头时都要进行本操作
6. 如果没有药液排出，重复进行此操作，直至排出一滴胰岛素为止
7. 如需改变剂量，只需朝任何方向简单旋转注射推键即可</td><td rowspan="2">7."现在将装好的胰岛素笔像我这样摇一摇，使药液混匀。"（向患者演示操作方法）</td></tr>
<tr><td>套上诺和针</td><td>拧上一个新的诺和针针头依次取掉外帽和内针帽</td></tr>
<tr><td>调整剂量</td><td>拔出注射推键，调整胰岛素的剂量，针尖处可见到药液为准</td><td rowspan="2">8."现在来看我如何排气。"（向患者演示排气的方法）</td></tr>
<tr><td>排气</td><td>1. 将笔垂直竖起，使笔芯中的气泡聚集在上部
2. 把剂量调节旋钮拨至"2单位"处，之后再按压注射键使之归零，如有一滴胰岛素从针头溢出，即表示驱动杆已与笔芯完全接触且笔芯内气泡已彻底排尽</td></tr>
<tr><td>选择剂量</td><td>如果注射推键处于原位，则需将该键拔出并旋转，选择需要的剂量</td><td rowspan="4">8. 常用腹部、上臂三角肌、臀部、大腿外侧，腹部的注射部位应在脐周2~10cm（左、右、下）
9. 只能用75%乙醇消毒皮肤，用碘酒消毒
10. 严格执行注射原则和查对制度
11. 注射部位应经常轮换，可以左边一周，右边一周，对称轮换；也可以一次左边，一次右边，对称轮换
12. 注射后不要立即拔针，针头保留在皮下6~10s
13. 嘱患者15~30min必须进食，以免发生低血糖
14. 已开启的诺和笔应在25℃左右的常温下保存，不需放入冰箱，室温阴凉避光条件下保存28天</td><td rowspan="4">9."胰岛素注射常用的部位有腹部、上臂三角肌、臀部、大腿外侧，您注射哪个位置比较方便？"
10."我现在选择腹部为您进行注射，请您不要紧张。"
11."注射器时请您做深呼吸，请您配合我放轻松，不要动。您有什么不舒服吗？"
12."好了，请您按压这里。"
13."胰岛素我已经为您注射了，请您一定要在15~30分钟进食，以免发生低血糖。"
14."您还有其他需要吗？如果您感到不舒服，请您及时按呼叫铃通知我。"</td></tr>
<tr><td>注射
（图2-5）</td><td>1. 选择注射部位，一般优先选择腹部
2. 以注射点为中心，用75%乙醇棉签消毒皮肤，待干，取无菌棉球夹于中指和环指之间
3. 取已备好的诺和笔，确认剂量
4. 捏起注射部位（腹部）的皮肤，针头与皮肤呈90°角，迅速刺入皮下
5. 完全按下注射推键，直至听到或感觉到"咔嗒"一声提示音，剂量显示读数为0，针头保留在皮下6~10s
6. 用无菌棉球按压注射部位，迅速拔针</td></tr>
<tr><td>整理洗手</td><td>1. 戴上外针帽，捏住笔芯架，旋下针头，放锐器盒内
2. 注射后将笔帽盖紧
3. 洗手</td></tr>
<tr><td>观察记录</td><td>观察患者有无不良反应，向患者交代注意事项
记录注射时间及剂量</td></tr>
<tr><td colspan="2">评价</td><td colspan="3">操作熟练、与患者沟通流畅
患者满意、无并发症</td></tr>
</table>

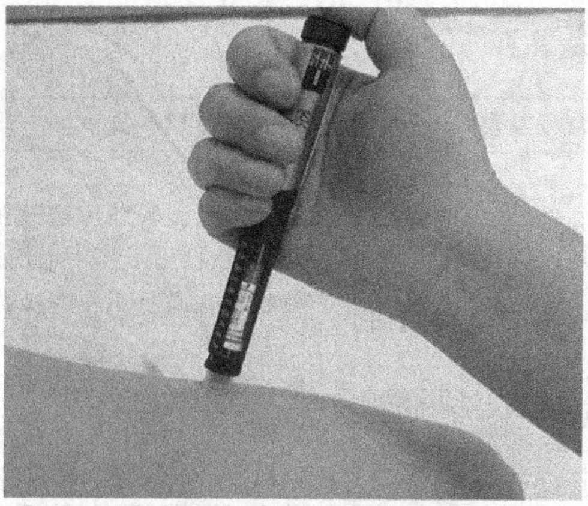

图 2-5　注射胰岛素

（薛　艳　黄文晨）

任务八　疑似糖尿病患者的口服葡萄糖耐量试验

【任务目标】

1. 知识目标　掌握口服葡萄糖耐量实验的适应证和禁忌证，熟悉口服葡萄糖耐力实验的目的。
2. 技能目标　掌握口服葡萄糖耐量实验的方法。
3. 素质目标　培养学生认真、细致严谨的态度和高度的责任心。

【任务场景】

患者刘英，女，46 岁。近日出现多食、多尿、多饮，体重减轻。测空腹血糖 6.3mmol/L，怀疑该患者为糖尿病。医嘱：口服糖耐量试验。责任护士应该如何完成口服葡萄糖耐量试验？

【相关理论】

1. 定义　口服葡萄糖耐量试验是口服一定剂量（100g）葡萄糖后，每间隔一定时间测定血糖水平的一种葡萄糖负荷试验。目前临床上常用 WHO 推荐的标准：75g 口服葡萄糖耐量试验法。

2. 目的　利用口服葡萄糖可刺激胰岛 β 细胞引起胰岛素释放增加，从而可反映 β 细胞的功能状态，对糖尿病的诊断、分型及治疗有一定价值。

3. 适应证

（1）无糖尿病症状，随机或空腹血糖异常者。

（2）无糖尿病症状，有一过性或持续性糖尿。

（3）无糖尿病症状，但有明显糖尿病家族史。

（4）有糖尿病症状，但随机或空腹血糖不够诊断标准。

（5）妊娠期、甲状腺功能亢进、肝病、感染，出现糖尿者。

（6）分娩巨大胎儿的妇女或有巨大胎儿史的个体。

（7）不明原因的肾病或视网膜病。

4. 禁忌证

（1）已确诊为糖尿病者禁做此试验。

（2）有急性炎症时不宜进行此试验。

【任务流程及要点】

<table>
<tr><th colspan="2">步骤</th><th>操作流程及要点</th><th>注意事项</th><th>健康宣教</th></tr>
<tr><td colspan="2">评估</td><td>1. 患者的年龄、病情、是否妊娠、精神、心理状态
2. 近3天饮食的种类及量，实验前是否空腹，空腹的时间是否最少10h
3. 患者的活动情况、服药情况</td><td rowspan="5">1. 患者接受试验前应避开脑梗死、心肌梗死、外伤、手术等各种应激状态至少2周以上
2. 试验前3天，每天进碳水化合物不能少300g
3. 试验前一晚餐后开始禁食，禁止喝咖啡、喝茶、饮酒和抽烟
4. 试验前三天停用对糖代谢有影响的药物，如利尿剂、降糖药、避孕药
5. 试验前患者至少应静坐或静卧半小时，并避免精神刺激</td><td rowspan="5">1. “刘英您好，之前已经和您沟通过了，为了明确诊断，遵医嘱今天要为您做口服葡萄糖耐量试验，就是口服一定量葡萄糖后，每间隔一定时间测定血糖水平，以此来判定您是否有糖尿病，以便于更好地为您进行诊治。”
2. “您从昨晚开始到早上没有吃东西吧？”
3. “做这个试验没有痛苦，就是需要您喝下葡萄糖水，我会在30min、1h、2h、3h分别采静脉血测血糖，请您不要紧张您先休息半小时。”</td></tr>
<tr><td rowspan="4">计划</td><td>环境</td><td>符合操作要求
光线适宜</td></tr>
<tr><td>护士</td><td>服装整洁、修剪指甲
洗手、戴口罩</td></tr>
<tr><td>患者</td><td>了解试验的目的、方法、注意事项、配合要点</td></tr>
<tr><td>用物</td><td>75g葡萄糖、水杯及温开水、注射盘、静脉采血针、采血器、医嘱本、手消毒液</td></tr>
<tr><td rowspan="8">实施</td><td>核对解释</td><td>解释操作目的，取得配合</td><td rowspan="8">6. 葡萄糖溶液必须在第一次空腹采血后饮用
7. 葡萄糖溶液必须在3～5min内服完，防止发生呕吐，注意休息，避免剧烈活动
8. 75g葡萄糖于服糖后1h、2h分别采静脉血测血糖
9. 采集血糖标本后立即送检
10. 观察服用后的反应。如患者在试验时出现面色苍白、恶心、晕厥应停止试验，立即通知医生。并密切观察病情变化</td><td rowspan="8">4. “刘英您好，准备好了吗？我们现在开始试验了。”
5. “我先为您采集一下空腹血，作为血糖对照值。”
6. “现在您要把这些葡萄糖溶液在3~5分钟内喝完。”
7. “您有什么不舒服吗？您先休息一会，避免剧烈活动，在这期间不能喝水，吃东西，也不能吸烟，如果您有恶心、呕吐、头晕或其他不舒服，请您及时告诉我。”
8. “我会在30分钟、1小时、2小时、3小时分别来为您采静脉血做血糖监测的。”
9. “刘英，我已经为您抽血四次，您现在可以吃饭了，等试验结果出来后我们会及时通知您的。”</td></tr>
<tr><td>准备溶液</td><td>将100g葡萄糖溶液溶于300ml温开水中，确保葡萄糖粉全部溶解</td></tr>
<tr><td>抽取静脉血</td><td>抽取空腹静脉血3ml</td></tr>
<tr><td>服用溶液</td><td>把准备好的葡萄糖溶液给患者服用</td></tr>
<tr><td>取血</td><td>从喝糖第一口开始计时，100g葡萄糖于服糖后30min、1h、2h、3h分别采静脉血测血糖</td></tr>
<tr><td>标本送检</td><td>及时送标静脉血标本</td></tr>
<tr><td>嘱患者进食</td><td>四次抽血完毕试验结束，患者方可进食</td></tr>
<tr><td>整理记录</td><td>整理床单位；整理操作用物，垃圾分类处理
观察患者服糖后的反应
记录试验时间、患者反应</td></tr>
<tr><td colspan="2">评价</td><td>操作熟练、与患者沟通流畅
患者满意、无并发症</td><td></td><td></td></tr>
</table>

（薛 艳 周 茜）

任务九　食管胃底静脉曲张破裂患者的双气囊三腔管压迫止血

【任务目标】

1. 知识目标　掌握双气囊三腔管压迫术适应证和禁忌证；熟悉双气囊三腔管压迫术的使用目的。

2. 技能目标　掌握双气囊三腔管的使用方法。

3. 素质目标　培养学生临床急救的能力。

【任务场景】

张明亮，男，65岁，有肝硬化病史伴食管静脉曲张。于上午进食苹果后突然出现呕血4次，量约1200ml，伴头晕。入院查体：BP 60/45mmHg，心率180次/分，巩膜黄染，腹部膨隆。诊断："肝硬化、食管静脉曲张破裂出血"，责任护士应如何协助医生对患者进行止血？

【相关理论】

1. 定义　通过插三腔两囊管至食管及胃底利用气囊压力对食管及胃底静脉曲张破裂出血进行治疗的一种技术。

2. 目的　利用气囊压力对食管及胃底静脉曲张破裂出血进行压迫止血。

3. 适应证　门静脉高压引起的食管下端、胃底静脉曲张破裂出血。

4. 禁忌证

(1) 合并严重心肺疾患不能耐受插管者。

(2) 休克患者。

【任务流程及要点】

<table>
<tr><th colspan="2">步骤</th><th>操作流程及要点</th><th>注意事项</th><th>健康宣教</th></tr>
<tr><td colspan="2">评估</td><td>患者的病情（如生命体征、呕血次数、时间及量）、意识、心理、鼻腔黏膜、口腔有无义齿患者对疾病的认知程度和合作程度</td><td>1. 患者有义齿者取下放入冷开水中，以免误吸
2. 清除鼻腔内的结痂及分泌物</td><td rowspan="5">1. "您好，请告诉一下您的姓名？张叔，由于您食管静脉曲张破裂导致出血发生，为了止血，需要为您进行双气囊三腔管压迫止血，就是将这样的一根管子（向患者展示双气囊三腔管）从您的鼻腔插入到胃内，向气囊内注入一定量气体，达到压迫止血的目的。"
2. "请让我看一下您的鼻腔。"
3. "请您不要过分的紧张，在操作中我会告诉您深呼吸和做吞咽动作来配合操作的完成，希望您能和我们配合。"
4. "您还有其他需要吗？"</td></tr>
<tr><td rowspan="4">计划</td><td>环境</td><td>安静安全整洁，温湿度适宜</td><td rowspan="4">3. 操作前做好病人的思想工作，争取配合，对紧张患者，可遵医嘱肌内注射地西泮或异丙嗪</td></tr>
<tr><td>护士</td><td>服装整洁、修剪指甲洗手、戴口罩</td></tr>
<tr><td>患者</td><td>告知患者操作目的，取得患者和家属的配合</td></tr>
<tr><td>用物</td><td>双气囊三腔管（图2-6）、止血钳3把，无菌手套、弯盘、治疗碗、50ml注射器、液状石蜡、血压计、纱布、棉签、线绳、治疗巾、宽胶布、胃肠减压器、急救药品和器械、滑轮牵引固定架等</td></tr>
</table>

续表

步骤		操作流程及要点	注意事项	健康宣教
操作过程及护理配合	体位	安置患者于半坐卧位或平卧位，头偏向一侧，颌下铺治疗巾		5."张叔，我们现在开始操作了，请您躺平，把头请偏向我这一边。"
	试测气囊	1. 使用前检查三腔管的性能，如气囊是否漏气、气囊膨胀是否均匀、管道是否通畅等 2. 测试气囊的注气量 3. 分别将胃气囊、食管气囊气体抽尽，用止血钳夹紧导管开口处，分别标记三个管腔的名称	4. 方法：用50ml注射器注气，一般胃气囊注气200～300ml，压力50～70mmHg，食管囊注气80～120ml，压力30～40mmHg，用弹簧夹夹住管口后仔细检查气囊有无变形、损坏或漏气	
	清洁鼻腔	用湿棉签清洁患者插管侧鼻腔		6."张叔，我为您清洁一下鼻腔。"
	协助插管	1. 将三腔管前端及气囊外面涂上液状石蜡，然后从患者鼻孔慢慢插入胃内 2. 当三腔管插入50～60cm时，抽取胃液，证实管端确在胃腔，暂做固定	管端到达咽喉部时嘱患者做吞咽动作	7."现在要为您插管了，请您放轻松，深呼吸。" 8."现在请您做吞咽动作，对，您配合得很好，马上就要好了。" 9."张叔，现在三腔管已经为您插好了。"
	协助充气、牵引	1. 向胃气囊内注气200～300ml，压力维持在30～40mmHg，末端即刻用弹簧夹夹住，然后反折以细纱绳扎紧 2. 将三腔管轻轻外拉，至有阻力感为止，表示胃气囊已压在胃底部 3. 用0.5kg重的物品（500ml盐水瓶加水250ml），通过滑轮装置牵引固定三腔管	1. 注气时，必须先向胃气囊注气，再向食管气囊注气，以免向外牵引时滑出 2. 胃气囊充气要足，食管气囊压力不要过高，若患者发生窒息，应立即拔出三腔管 3. 三腔管放置12～24h后，食管气囊应放气5～30min，同时放松牵引，并将三腔管向胃内送少许，以解除胃底贲门压力，然后再充气牵引，避免局部黏膜因受压过久而发生糜烂、坏死 4. 双气囊压迫期间，每4h测量气囊压力1次，每2h抽吸胃内容物一次 5. 注意血压、脉搏、肠鸣音的变化，观察双气囊三腔管是否有压力，管腔有无滑出 观察患者出血控制情况，如有鲜血及时报告医生	10."现在胃气囊内有压力了，您感觉怎么样？如果您有不舒服的请您及时告诉我。" 11."现在三腔管已经为您固定好了，请您活动的时候小心些，防止管腔滑出。"
	抽胃液	用注射器抽出全部胃内容物		
	观察	密切观察应用效果和患者出血情况		12."我会每隔2小时来抽吸胃内容物一次的如果您感到剧烈恶心、心慌、呼吸困难或其他不舒服请您及时按呼叫铃通知我。"
	整理记录	整理床单位，整理操作用物 洗手，记录三腔管留置时间；记录患者病情变化，准确记录出入液量，并严格交班		
评价		操作熟练、与患者沟通流畅 患者安全、无并发症		

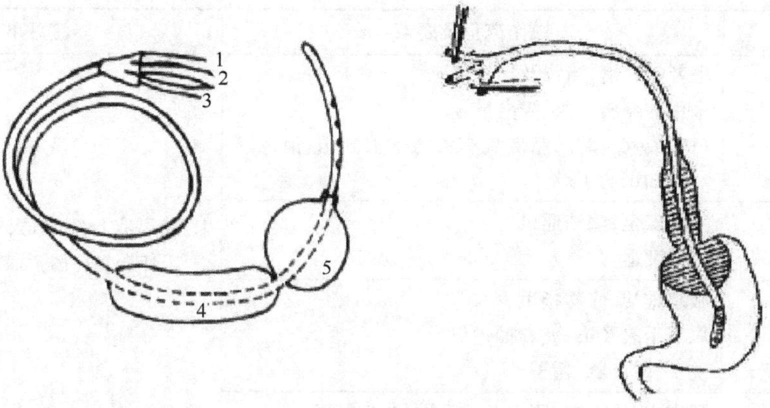

图 2-6　双气三腔囊管

1. 通胃气囊管;2. 胃管;3. 通食管气囊管;4. 食管气囊;5. 胃气囊

（薛　艳　黄文晨）

任务十　传染病区的防护—穿、脱隔离衣

【任务目标】

1. 知识目标　掌握穿脱隔离衣的适应证和禁忌证;熟悉穿脱隔离衣的目的。
2. 技能目标　掌握穿脱隔离衣的方法。
3. 素质目标　学会保护自己及患者。

【任务场景】

患者王道,男性,27 岁,到南方出差半月后出现高热,隔一天发作一次,每次发热前先有寒战。继而体温高达 40℃,退热时大汗。确诊为疟疾,收住传染科隔离。请问:责任护士在出入该患者病房时如何穿、脱隔离衣?

【相关理论】

1. 定义　穿、脱隔离衣是在护理患者前,将隔离衣穿着整齐,防止病原菌在工作人员和患者之间的传播,以达到切断传播途径,防止医院内感染的防护方法。

2. 目的　保护患者及工作人员,避免交叉感染及自身感染、防止病原体的传播。

3. 适应证

(1) 进入严格隔离病区时。

(2) 检查、护理特殊隔离患者,工作服可能受其分泌物、排泄物、血液、体液污染时。

(3) 进入易引起院内播散的感染性疾病患者病室的医护人员。

(4) 进入需要保护性隔离的患者(如大面积烧伤、器官移植、骨髓移植和早产儿等)病区的医护人员。

4. 禁忌证　在清洁区或外走廊。

【任务流程及要点】

步骤		操作流程及要点	注意事项
评估		患者的病情,治疗及护理情况 采用的隔离种类、隔离措施 患者或家属对所患疾病有关的防治知识、消毒隔离知识的了解	
计划	环境	安静安全、整洁通风 温湿度适宜	1. 隔离衣长短合适,需完全遮盖内面工作服,并完好无漏洞
	护士	服装整洁、修剪指甲 取下手表及饰物、卷袖过肘 洗手、戴口罩、帽子	
	用物	隔离衣、挂衣架、刷手及洗手设备、污物桶	
实施	穿隔离衣	1. 手持衣领取下隔离衣,两手将衣领的两端向外折,使内面向着操作者,露出袖子内口 2. 右手持衣领,将左手伸入袖内,右手将衣领向上抖,使左手套入袖后露出 3. 换左手持衣领,右手伸入袖内,举右手将袖上抖,注意勿触及面部 4. 两手持领子中央,沿着领边向后将领扣扣好。不可触及衣领、面部和帽子 5. 扎好袖口 6. 自一侧衣缝顺腰带下移 5cm 处将隔离衣后缘向前拉,见到衣边横向捏住外侧,再依同法将另一侧捏住 7. 两手在背后将两侧边缘对齐,向一侧折叠,以一手按住折叠处,另一手将腰带拉至背后压住折叠处 8. 将腰带在背后交叉,回到前面打一活结系好	2. 保持衣领、内面、工作人员的手为清洁面 3. 系领口时,避免衣袖触及面部、衣领及口罩、帽子 4. 此时双手已污染 5. 手只能接触衣袖的外面,不可触及清洁面、隔离衣的内层和工作服 6. 后侧边缘须对齐,注意避免折叠处松散 7. 穿隔离衣后,只能在规定区域内活动,不得进入清洁区
	脱隔离衣	1. 解开腰带,在前面打一活结 2. 解开袖口,在肘部或前臂将衣袖向内塞入工作服袖内,露出手臂 3. 按传染病室用刷手法分段刷洗双手并擦干 4. 解开颈后扣子 5. 右手伸入左手腕部袖内,拉下袖子过手 6. 用衣袖遮住的左手在衣袖外面将右侧衣袖拉下过手,双手轮换握住袖子,手臂逐渐从袖管中退出,脱下隔离衣 7. 持衣领挂在衣钩上	8. 避免袖口污染隔离衣的清洁面 9. 洗手时隔离衣不得污染洗手设备、污染的袖口不得触及清洁面 10. 注意保持双手清洁 11. 挂隔离衣时,若在半污染区,不得露出污染面;若挂在污染区,不得露出清洁面 12. 如隔离衣不再穿用,则将清洁面向外折叠放入污物桶内
评价		1. 穿脱隔离衣未污染 2. 刷洗手时隔离衣未溅湿 3. 工作人员、患者安全,未发生交叉感染	

（薛　艳　徐秀英）

模块三

内科常用穿刺技术的护理配合

任务一　胸腔穿刺术的护理配合

【任务目标】

1. 知识目标:掌握胸腔穿刺术的适应证和禁忌证;熟悉胸腔穿刺术的目的。
2. 技能目标:掌握胸腔穿刺术的护理配合要点。
3. 素质目标:培养学生的团队协助能力及临床观察能力。

【任务场景】

患者王杰,男,60 岁,有慢性支气管炎 20 年的病史,感冒受凉后出现咳嗽咳痰 15 天,经抗炎对症治疗无效,医院就诊。经检查怀疑该患者为支气管肺癌,现需进行胸腔穿刺留取胸腔积液标本确诊,护士应如何协助医生进行胸腔穿刺留取胸腔积液标本?

【相关理论】

1. 定义　是自胸腔内抽取积液或积气的操作。

2. 目的

(1) 排出胸腔内的气体和液体,以减轻症状。

(2) 向胸腔内注入药物,以达到治疗的目的。

3. 适应证

(1) 为明确胸腔积液的性质,抽取积液检查,协助疾病诊断。

(2) 胸腔内有大量积液或积气者,排出积液或积气,以缓解压迫症状。

(3) 脓胸抽脓灌洗治疗,或向腹腔内注射药液,以协助治疗疾病。

4. 禁忌证

(1) 穿刺部位有炎症、肿瘤、外伤。

(2) 有严重出血倾向、自发性气胸、大咯血、严重肺结核,肺气肿等。

5. 常用穿刺部位

(1) 体位:患者取坐位面向背椅,两前臂置于椅背上,前额伏于前臂上。不能起床患者可取半坐位,患者前臂上举抱于枕部。

(2) 部位:选在胸部叩诊实音最明显部位进行,胸腔积液较多时一般常取肩胛线或腋后线第 7~8 肋间;也可以选腋中线第 6~7 肋间或腋前线第 5 肋间为穿刺点;包裹性积液可结合 X 线或超声检查确定;气胸者一般选取患侧锁骨中线第 2 肋间或腋前线第 4~5 肋间隙,穿刺点用蘸甲紫(龙胆紫)的棉签或其他标记笔在皮肤上标记。

【任务流程及要点】

步骤		操作流程及要点	注意事项	健康宣教
评估		1. 患者的诊断、病情、心理反应、合作程度 2. 查看穿刺部位	1. 穿刺部位皮肤有无破溃、瘢痕、硬结	
计划	环境	安静安全整洁,温湿度适宜,关闭门窗,屏风遮挡,请无关人员回避	2. 对精神紧张者,可于术前半小时遵医嘱给地西泮 10mg,或可待因 0.03g 以镇静止痛	1. “你好,请告诉我你的床号和姓名?” 2. “王大爷,您好!我是您的责任护士,根据您的病情需要,现在需要给您进行胸腔穿刺留取胸腔积液标本,请一会听我们的提示,配合我们,好吗?”
	护士	服装整洁、修剪指甲 洗手、戴口罩		
	患者	了解穿刺目的、方法、配合要点和注意事项		
	用物	基础治疗盘一套、胸腔穿刺包、无菌手套、注射器(5ml、20ml 或 50ml 各 1 具)、试管、量杯、垫巾、靠背椅;2% 利多卡因 10ml,需注药者按医嘱准备		
实施	核对解释	核对医嘱,携用物至患者床旁	3. 严格执行无菌操作,防止发生胸腔感染;抽气时,协助患者取半卧位	
	摆体位	抽液时,协助患者反坐于背椅上,双手平放椅背上;抽气时,协助患者取半卧位		3. (再次核对医嘱、患者身份信息)“王大爷,请您在穿刺的过程中保持这个体位,不要随意活动,不要咳嗽,请平静呼吸,不要紧张。”
	选择穿刺点	一般胸腔积液的穿刺点在肩胛线或腋后线第 7~8 肋间或腋前线第 5 肋间隙	4. 术中应密切观察患者有无头晕、恶心、心悸、气短、面色苍白等,一旦出现,应立即告知医生,停止操作	
	消毒皮肤	打开无菌治疗包,戴无菌手套,协助医生倒取络合碘消毒液、消毒		4. “王大爷,您在胸腔穿刺的过程中若有不适感,请及时告诉我们,不要动好吗?”
	铺巾	协助医生铺无菌洞巾、局部麻醉		
	协助穿刺	配合医生进行穿刺(图 3-1)	5. 抽液或抽气速度不宜过快,量不宜过多,一般首次抽液不超过 600ml,抽气不超过 1000ml,以后每次抽吸量不超过 1000ml	
	协助留标本	协助留取胸腔积液标本或排除胸腔积液积气或抽液抽气后注射药物		5. “王大爷,您卧床休息,24 小时内不要洗浴,保持穿刺点清洁、干燥;不要挤压穿刺点,如果出现胸闷、气短、疼痛、出血等症状,按呼叫器,我们会及时赶到的!在这期间我们也会经常巡视病房的,您先休息,化验结果出来,我们会通知您的。谢谢您的配合!”
	拔针	术者取出穿刺针,按压穿刺点,用无菌纱布覆盖后固定	6. 如果胸腔穿刺为了明确诊断,抽液 50~100ml 即可;如为治疗需要,抽气抽液后可注射药物	
	整理洗手	1. 协助患者取舒适卧位,整理床单位 2. 按医疗垃圾处理原则分类处理 3. 洗手		
	观察记录	1. 观察患者的脉搏或呼吸情况,注意有无血胸、气胸、肺水肿的并发症发生 2. 观察穿刺部位有无渗液、渗血	7. 观察胸水颜色、性状和量并记录 8. 标本及时送检	
评价		1. 患者理解目的,愿意配合 2. 护士配合医生操作熟练,保证操作顺利完成,标本按要求送检 3. 操作后健康宣教正确,病人无操作相关并发症发生		

(薛　艳　黄文晨)

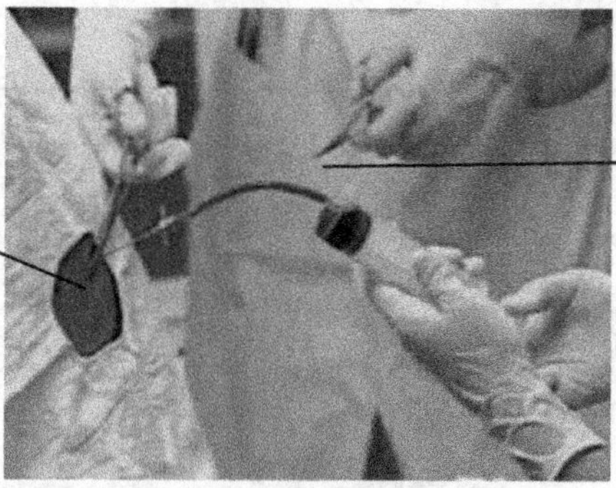

图 3-1 协助穿刺

（薛 艳 周 茜）

任务二 腹腔穿刺术的护理配合

【任务目标】

1. 知识目标：掌握腹腔穿刺术的适应证和禁忌证；熟悉腹腔穿刺术的目的。
2. 技能目标：掌握腹腔穿刺术的护理配合要点。
3. 素质目标：培养学生的人际沟通能力和团队协助能力及临床观察能力。

【任务场景】

患者李峰，男，60 岁。肝硬化病史 5 年伴大量腹水 5 天入院，现根据患者的病情需要，需放腹水进行治疗，护士应如何协助医生进行腹腔穿刺放腹水？

【相关理论】

1. 定义 是为了诊断和治疗疾病，对有腹腔积液的患者进行腹腔穿刺、抽取积液的操作过程。

2. 目的

（1）抽取腹水化验检查，明确腹水性质。

（2）适量放腹水缓解压迫症状，腹腔内注射药物及腹水浓缩回输等。

3. 适应证

（1）抽取腹腔积液进行各种实验室检查，以寻找病因。

（2）对有大量腹水患者，可适当抽放腹水，以缓解胸闷、气促等症状。

（3）腹腔内注射药液，以协助治疗疾病。

4. 禁忌证 有肝性脑病先兆者，禁忌腹腔穿刺放腹水。

5. 常用穿刺部位

（1）脐与耻骨联合上缘间连线的中点上方 1cm、偏左或右 1～2cm，此处无重要器官，穿刺较安全。

（2）左下腹部穿刺点：脐与左髂前上棘连线的中 1/3 与外 1/3 交界处，此处可避免损伤腹壁下动脉，肠管较游离不易损伤。放腹水时通常选用左侧穿刺点，此处不易损伤腹壁动脉。

（3）侧卧位穿刺点：脐平面与腋前线或腋中线交点处。此处穿刺多适于腹膜腔内少量积液的诊断性穿刺。

【任务流程及要点】

步骤		操作流程及要点	注意事项	健康宣教
评估		1. 患者的诊断、病情、心理反应、合作程度 2. 查看穿刺部位	1. 穿刺部位皮肤有无破溃、瘢痕、硬结	
计划	环境	安静安全整洁、温湿度适宜、关闭门窗，屏风遮挡，请无关人员回避		1. “你好，请告诉我你的床号和姓名？” 2. “李大爷，您好！我是您的责任护士，根据您的病情需要，现在医生需要给您进行腹腔穿刺放腹水治疗，请一会听我们的提示，配合我们，好吗？”
	护士	服装整洁、修剪指甲 洗手、戴口罩		
	患者	了解穿刺目的、方法、配合要点和注意事项		
	用物	基础治疗盘一套、腹腔穿刺包、无菌手套、注射器（5ml、20ml、50ml 各1支）、输液器、无菌培养瓶、试管、量杯、腹带及中单、皮尺；2%普鲁卡因或2%利多卡因，按医嘱准备药物		
实施	核对解释	核对医嘱，携用物至患者床旁	2. 嘱患者术前排尿，以免穿刺时损伤膀胱 3. 严格执行无菌操作，防止腹腔感染 4. 放液前测量腹围、脉搏、血压和腹部体征，以观察病情变化 5. 术中应密切观察患者有无头晕、恶心、心悸、气短、面色苍白等，并询问患者有无不适感，一旦出现，应立即告知医生，停止操作，并对症处理 6. 腹腔放液速度不宜过快，放液量不宜过多，肝硬化患者一次放液一般不超过3000ml，过多放液可诱发肝性脑病和电解质紊乱 7. 观察腹水颜色、性状和量并记录 8. 如放液流出不畅，可嘱患者变换体位，以助液体流出通畅 9. 腹腔穿刺放液术后，嘱患者暂时卧床休息 10. 腹带不宜过紧，以防造成呼吸困难 11. 术后穿刺处如有腹水外渗，及时更换敷料，防止穿刺处感染	3.（再次核对医嘱、患者身份信息）“李大爷，我们现在已做好了术前准备，准备进行腹腔穿刺，您在术中如要咳嗽、移动身躯或有其他的不适，请您及时告诉我们，好吗？” 4. “李大爷，我们已给您放腹水了，您现在需要卧床休息，请您保持穿刺点清洁、干燥；不要挤压穿刺点，好吗？在休息期间如果出现腹痛、穿刺部位出血等症状，请按呼叫器，我们会及时赶到的！在这期间我们也会经常巡视病房的，您先休息，化验结果出来，我们会通知您的。谢谢您的配合！”
	摆体位	垫中单，协助患者取半卧位或平卧位，腹水少量者取左侧卧位，腰背部铺好腹带		
	选择穿刺点	一般常选择左下腹部脐与髂前上棘连线中外1/3交点处		
	消毒皮肤	打开无菌治疗包，戴无菌手套，协助医生倒取皮肤消毒液、消毒		
	铺消毒巾	协助医生铺无菌洞巾、局部麻醉		
	协助穿刺	配合医生进行穿刺		
	抽取或引流腹水	协助留取腹腔积液标本或放腹水		
	拔针	术者取出穿刺针，按压穿刺点，用无菌纱布覆盖后固定，测腹围，束腹带		
	整理洗手	1. 协助患者取舒适卧位，整理床单位 2. 按医疗垃圾处理原则分类处理 3. 洗手		
	观察记录	1. 测量患腹围，观察患者腹水的消长情况 2. 密切观察穿刺部位有无渗液、渗血，有无腹部压痛、反跳痛和腹肌紧张的腹膜感染征象		
评价		1. 患者理解目的愿意配合 2. 护士配合医生操作熟练，保证操作顺利完成，标本按要求送检 3. 操作后健康宣教正确，病人无操作相关并发症发生		

（薛 艳 孙 洪）

任务三　骨髓穿刺术的护理配合

【任务目标】

1. 知识目标:掌握骨髓穿刺术的适应证和禁忌证;熟悉骨髓穿刺术的目的。
2. 技能目标:掌握骨髓穿刺术的护理配合要点。
3. 素质目标:培养学生的人际沟通能力和团队协助能力及临床观察能力。

【任务场景】

患者王楠,女,19岁,发热、贫血12天,肝脾淋巴结肿大,胸骨有压痛,血红蛋白60g/L,白细胞 40×10^9/L,血小板 60×10^9/L,为明确诊断,需要进行骨髓穿刺检查,护士应如何配合医生进行骨髓穿刺?

【相关理论】

1. 定义　是一种常用的诊疗技术,检查内容包括细胞学、原虫和细菌学等几个方面,以协助诊断血液病、传染病和寄生虫病;可了解骨髓造血情况,并作为化疗和应用免疫抑制剂的参考;骨髓移植时经骨髓腔穿刺采集骨髓液。

2. 目的

(1) 协助诊断血液系统疾病、传染病及寄生虫病。

(2) 进行骨髓腔注射药物、骨髓移植。

3. 适应证　协助诊断各种贫血、造血系统肿瘤、血小板或粒细胞减少症、疟疾。

4. 禁忌证　血友病等出血性疾病。

5. 常用穿刺部位

(1) 髂前上棘:常取髂前上棘后上方1~2cm处作为穿刺点,此处骨面较平,容易固定,操作方便安全。

(2) 髂后上棘:位于骶椎两侧、臀部上方骨性突出部位。

(3) 胸骨柄:此处骨髓含量丰富,当上述部位穿刺失败时,可作胸骨柄穿刺,但此处骨质较薄,其后有心房及大血管,严防穿透发生危险,较少选用。

(4) 腰椎棘突:位于腰椎棘突突出处,极少选用。

【任务流程及要点】

步骤		操作流程及要点	注意事项	健康宣教
评估		1. 患者的诊断、病情、心理反应、合作程度 2. 查看穿刺部位	1. 穿刺部位皮肤有无破溃、瘢痕、硬结	
计划	环境	安静安全整洁、温湿度适宜、关闭门窗,屏风遮挡,请无关人员回避	2. 术前常规作出、凝血时间、血小板等检查,了解患者凝血功能	1.“您好,请告诉我您的床号和姓名?” 2.“王楠,您好!我是您的责任护士,根据您的病情需要,现在需要给您进行骨髓穿刺,请一会听我的提示,配合我,好吗?”
	护士	服装整洁、修剪指甲 洗手、戴口罩		
	患者	了解穿刺目的、方法、配合要点和注意事项		
	用物	无菌治疗包,骨髓穿刺针,10ml或20ml注射器,无菌手套,2%碘伏,75%酒精,2%利多卡因,化验用载玻片等		

续表

步骤		操作流程及要点	注意事项	健康宣教
实施	核对解释	核对医嘱，携用物至患者床旁		
	选择穿刺点	髂前上棘穿刺点、髂后上棘穿刺点、胸骨穿刺点、腰椎棘突穿刺点		
	摆体位	胸骨及髂前上棘穿刺时取仰卧位；髂后上棘穿刺时应取侧卧位；腰椎棘突穿刺时取坐位或侧卧位		3.（再次核对医嘱、患者身份信息）“王楠，我们现在已做好了术前准备，准备进行骨髓穿刺，为了不影响穿刺，您在术中如要咳嗽、移动身躯或有其他的不适，请及时告诉我们好吗？”
	消毒皮肤	打开无菌治疗包，戴无菌手套，协助医生倒取络合碘消毒液、消毒		
	铺消毒巾	协助医生铺无菌洞巾、局部麻醉（图 3-2）		
	协助穿刺	配合医生进行穿刺抽吸（图 3-3）	3. 穿刺中，密切观察患者的生命体征，并询问患者有无不适感，注意保暖，预防感冒	
	留取骨髓涂片	协助留取骨髓涂片		4.“王楠，我们现在已经给您做完了骨髓穿刺，您现在需要卧床休息 20～30 分钟，3 天内不要洗浴，保持穿刺点清洁、干燥；不要挤压穿刺点。在休息期间如果出现穿刺部位疼痛、出血等症状，请按呼叫器，我们会及时赶到的！在这期间我们也会经常巡视病房的，您先休息，注意预防感冒，化验结果出来，我们会通知您的谢谢您的配合！。”
	拔针	术者取出穿刺针，按压穿刺点，用无菌纱布覆盖后固定	4. 标本应及时送检，防止凝固	
	整理洗手	1. 协助患者取舒适卧位，整理床单位 2. 按医疗垃圾处理原则分类处理 3. 洗手	5. 穿刺点无菌敷料如有污染、潮湿应立即换药，穿刺点结痂后可去除敷料	
	观察记录	密切观察穿刺部位有无渗液、渗血，如有渗血、渗液，应立即更换无菌纱布，压迫伤口直至无渗血为止		
评价		1. 患者理解目的愿意配合 2. 护士配合医生操作熟练，保证操作顺利完成，标本按要求送检 3. 操作后健康宣教正确，病人无操作相关并发症发生		

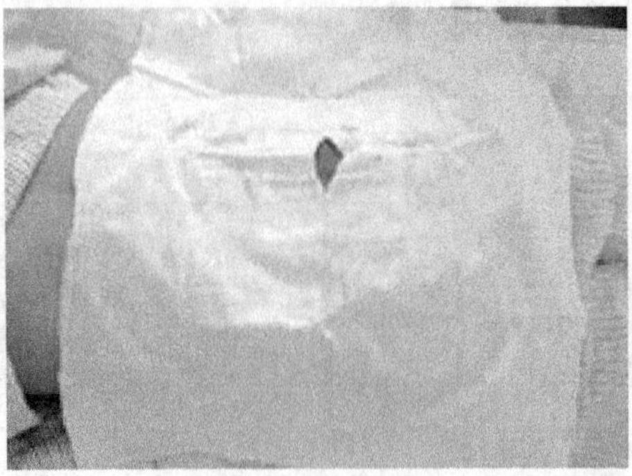

图 3-2　清毒辅巾

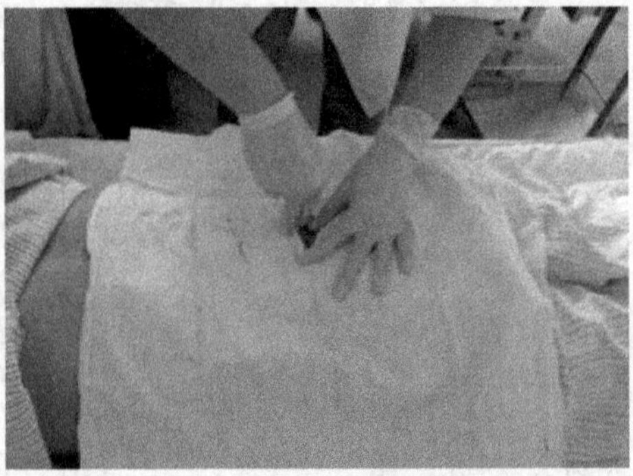

图 3-3　协助穿刺

任务四　腰椎穿刺术的护理配合

【任务目标】

1. 知识目标：掌握腰椎穿刺术的适应证和禁忌证；熟悉腰椎穿刺术的目的。

2. 技能目标：掌握腰椎穿刺术的护理配合要点。

3. 素质目标：培养学生的人际沟通能力和团队协助能力及临床观察能力。

【任务场景】

患者徐敏，45岁，既往有高血压病史，曾经不规律口服过降压药。今天在家观看足球赛时突发剧烈头痛伴呕吐，家属紧急送医院，经过初步查体，怀疑患者为“蛛网膜下腔出血”。为明确患者的病因，现需进行脑脊液检查，护士应该如何协助医生进行腰椎穿刺留取脑脊液？

【相关理论】

1. 定义　是将腰穿针经腰椎间隙刺入蛛网膜下腔抽取脑脊液或注射药物的一种诊疗技术；常用于检查脑脊液的性质，对诊断脑炎、脑膜炎、脑血管病变、脑瘤等有重要意义。

2. 目的

(1) 测定脑脊液压力。

(2) 检查脑脊液的化学成分和性质。

(3) 鞘内注射药物。

3. 适应证

(1) 留取脑脊液，协助诊断脑血管病、脑肿瘤、脊髓病变等。

(2) 鞘内注射药物。

4. 禁忌证

(1) 穿刺部位皮肤或软组织有局灶性感染或有脊柱结核者，穿刺有可能将细菌带入蛛网膜下腔或脑内。

(2) 颅内病变伴有明显颅高压或已有脑疝先兆。

(3) 开放性颅脑损伤或有脑脊液漏者。

(4) 血液系统疾病、应用肝素等药物导致出血倾向及血小板 $50\times10^9/L$。

【任务流程及要点】

<table>
<tr><th colspan="2">步骤</th><th>操作流程及要点</th><th>注意事项</th><th>健康宣教</th></tr>
<tr><td colspan="2">评估</td><td>1. 患者的诊断、病情、心理反应、合作程度
2. 查看穿刺部位</td><td>1. 穿刺部位皮肤有无破溃、瘢痕、硬结</td><td></td></tr>
<tr><td rowspan="4">计划</td><td>环境</td><td>安静安全整洁、温湿度适宜、关闭门窗，屏风遮挡，请无关人员回避</td><td rowspan="4">2. 指导患者排空大小便，有人守护防止意外发生</td><td rowspan="4">1. “你好，请告诉我你的床号和姓名？”
2. “徐先生，您好！我是您的责任护士，根据病情需要，现在需要进行腰椎穿刺留取脑脊液，请一会听我们的提示，配合我们，谢谢！”</td></tr>
<tr><td>护士</td><td>服装整洁，修剪指甲
洗手，戴口罩</td></tr>
<tr><td>患者</td><td>了解穿刺目的、方法、配合要点和注意事项</td></tr>
<tr><td>用物</td><td>无菌治疗包，骨髓穿刺针，10ml 或 20ml 注射器，无菌手套，络合碘消毒液，2%利多卡因、标本瓶等</td></tr>
</table>

续表

<table>
<tr><th colspan="2">步骤</th><th>操作流程及要点</th><th>注意事项</th><th>健康宣教</th></tr>
<tr><td rowspan="10">实施</td><td>核对解释</td><td>核对医嘱，携用物至患者床旁</td><td rowspan="10">3. 使脊柱尽量前屈，以增加椎间隙宽度
4. 穿刺中，密切观察患者的面色、呼吸和脉搏情况，并询问患者有无不适感
5. 放脑脊液速度不宜快，一般10~15滴/分，正常颅压病人一次放脑脊液不超过5ml，以防脑疝形成
6. 及时、正确送检标本
7. 指导患者术后去枕俯卧（如有困难则平卧）4~6h，以免引起术后低颅压头痛</td><td rowspan="10">3.（再次核对医嘱、患者身份信息）“徐先生，我们现在已做好了术前准备，准备进行腰椎穿刺，您在术中不要咳嗽、移动身躯，如果有其他的不适，请及时告诉我们，好吗？”
4. “徐先生，给您刚刚进行了腰椎穿刺，您需要去枕卧床休息4~6小时，这样做的目的是防止脑脊液外漏引起的头痛，可能和您平时休息的习惯不同，但为了健康，请您配合，好吗？”
5. “徐先生，您要保持穿刺点敷料清洁干燥，24h内不要洗澡。在休息期间如果出现穿刺部位疼痛、出血等症状，请按呼叫器，我们会及时赶到的！在这期间我们也会经常巡视病房的，您先休息，化验结果出来，我们会通知您的谢谢您的配合！”</td></tr>
<tr><td>体位</td><td>协助患者去枕侧卧位，背齐床沿，屈颈双手抱膝（图3-4）</td></tr>
<tr><td>选择穿刺点</td><td>一般选择第3~4腰椎棘突间隙或第4~5腰椎棘突间隙</td></tr>
<tr><td>消毒皮肤</td><td>打开无菌治疗包，戴无菌手套，协助医生倒取络合碘消毒液、消毒</td></tr>
<tr><td>铺消毒巾</td><td>协助医生铺无菌洞巾、局部麻醉</td></tr>
<tr><td>穿刺</td><td>配合医生进行穿刺</td></tr>
<tr><td>留取标本</td><td>协助留取脑脊液标本</td></tr>
<tr><td>拔针</td><td>术者取出穿刺针，按压穿刺点，用无菌纱布覆盖后固定</td></tr>
<tr><td>整理洗手</td><td>1. 按医疗垃圾处理原则分类处理
2. 洗手</td></tr>
<tr><td>观察记录</td><td>1. 密切观察患者面色、神志、瞳孔及生命体征有无异常，有无头痛、呕吐等症状，穿刺点有无出血等
2. 记录患者生命体征、伤口敷料情况</td></tr>
<tr><td colspan="2">评价</td><td colspan="3">1. 患者理解目的愿意配合
2. 护士配合医生操作熟练，保证操作顺利完成，标本按要求送检
3. 操作后健康宣教正确，病人无操作相关并发症发生</td></tr>
</table>

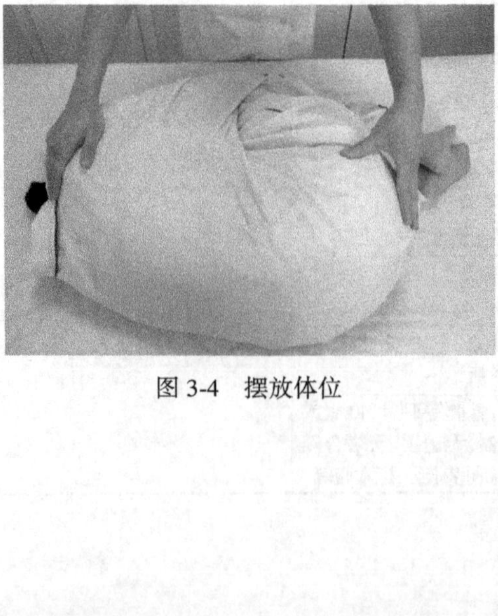

图3-4 摆放体位

（薛 艳 徐秀英）

第二部分　技术操作流程评分标准

人工气道的护理评价标准

姓名：______　　总得分______

项目内容	分值	项目实施要点	评分等级					存在问题
			Ⅰ	Ⅱ	Ⅲ	Ⅳ	Ⅴ	
1. 操作前评估(15分)	8	1.患者的诊断、病情、心理反应、合作程度、血氧饱和度、痰液的黏稠度及量	8	6	4	3	2	
	7	告知患者操作目的,向其解释,取得配合	7	6	5	3	1	
2. 操作步骤(70分)	5	准备人工气道护理用物	5	4	3	2	1	
	5	携用物到患者床旁,协助患者取舒适体位	5	4	3	2	1	
	10	更换消毒气管内套管	15	12	9	6	3	
	15	更换切口处纱布	15	12	9	6	3	
	10	调节气囊压力	10	8	6	4	2	
	15	保持呼吸道通畅	15	12	9	6	3	
	5	单层纱布或气管切开护罩盖住气管套管口	5	4	3	2	1	
	5	观察记录	5	4	3	2	1	
3. 整理用物(10分)	5	用物整理	5	4	3	2	1	
	5	垃圾分类	5	4	3	2	1	
4. 终末质量(5分)	5	提问、操作评价、时间	5	4	3	2	1	
5. 总分	100		100	80	60	40	20	

注释：评分等级：Ⅰ级表示操作熟练、规范、无缺项，与患者沟通自然，语言通俗易懂；Ⅱ级表示操作熟练、规范、有1~2处缺项，与患者沟通不够自然；Ⅲ级表示操作欠熟练、规范、有2~3处缺项，与患者沟通较少；Ⅳ级表示操作欠熟练、有4处以上缺项，与患者没有沟通；Ⅴ级表示操作混乱、无序。

心电监护评价标准

姓名:______________ 总得分______________

项目内容	分值	项目实施要点	评分等级					存在问题
			Ⅰ	Ⅱ	Ⅲ	Ⅳ	Ⅴ	
1. 操作前评估(15分)	8	1. 患者的诊断、病情、心理反应、合作程度	8	6	4	3	2	
	7	告知患者操作目的,向其解释,取得配合	7	6	4	3	1	
2. 操作步骤(70分)	5	备齐用物推至床旁,将各监护线插入对应插口	5	4	3	2	1	
	15	安放电极	15	12	9	6	3	
	15	连接血氧饱和度传感器	15	12	9	6	3	
	15	监护	15	12	9	6	3	
	10	无创血压的监测	10	8	6	4	2	
	10	观察记录	10	8	6	4	2	
3. 整理用物(10分)	5	用物整理	5	4	3	2	1	
	5	垃圾分类	5	4	3	2	1	
4. 终末质量(5分)	5	提问、操作评价、时间	5	4	3	2	1	
5. 总分	100		100	80	60	40	20	

注释:评分等级:Ⅰ级表示操作熟练、规范、无缺项,与患者沟通自然,语言通俗易懂;Ⅱ级表示操作熟练、规范、有1~2处缺项,与患者沟通不够自然;Ⅲ级表示操作欠熟练、规范、有2~3处缺项,与患者沟通较少;Ⅳ级表示操作欠熟练、有4处以上缺项,与患者没有沟通;Ⅴ级表示操作混乱、无序。

动脉血气分析评价标准

姓名:____________　　　　　　　　　　　总得分____________

项目内容	分值	项目实施要点	评分等级					存在问题
			Ⅰ	Ⅱ	Ⅲ	Ⅳ	Ⅴ	
1. 操作前评估(15分)	8	1. 患者的诊断、病情、心理反应、合作程度 2. 查看穿刺部位	8	6	4	3	2	
	7	告知患者操作目的,向其解释,取得配合	7	6	5	3	1	
2. 操作步骤(70分)	5	准备用物	5	4	3	2	1	
	10	选择穿刺部位	10	8	6	4	2	
	10	消毒穿刺部位皮肤	15	12	9	6	3	
	20	采集动脉血	20	16	12	8	4	
	10	拔针	10	8	6	4	2	
	5	隔绝空气	5	4	3	2	1	
	5	转动注射器	5	4	3	2	1	
	5	贴好标本及时送检	10	8	6	4	2	
3. 整理用物(10分)	5	用物整理	5	4	3	2	1	
	5	垃圾分类	5	4	3	2	1	
4. 终末质量(5分)	5	提问、操作评价、时间	5	4	3	2	1	
5. 总分	100		100	80	60	40	20	

注释:评分等级:Ⅰ级表示操作熟练、规范、无缺项,与患者沟通自然,语言通俗易懂;Ⅱ级表示操作熟练、规范、有1~2处缺项,与患者沟通不够自然;Ⅲ级表示操作欠熟练、规范、有2~3处缺项,与患者沟通较少;Ⅳ级表示操作欠熟练、有4处以上缺项,与患者没有沟通;Ⅴ级表示操作混乱、无序。

输液泵的使用评价标准

姓名:____________　　　　　　　　总得分____________

项目内容	分值	项目实施要点	评分等级					存在问题
			Ⅰ	Ⅱ	Ⅲ	Ⅳ	Ⅴ	
1. 操作前评估(15分)	8	1. 患者的诊断、病情、心理反应、合作程度 2. 询问用药史、过敏史、家族史	8	6	4	3	2	
	7	告知患者操作目的,向其解释,取得配合;	7	6	5	3	1	
2. 操作步骤(70分)	5	准备用物	5	4	3	2	1	
	15	核对药物,配置药液	15	12	9	6	3	
	15	固定输液泵,连接输液泵管	15	12	9	6	3	
	10	设置输液泵参数	10	8	6	4	2	
	10	观察患者反应,输液泵有报警时及时处理	10	8	6	4	2	
	10	输液完毕,停止输液泵,	10	8	6	4	2	
	5	观察记录	5	4	3	2	1	
3. 整理用物(10分)	5	用物整理	5	4	3	2	1	
	5	垃圾分类	5	4	3	2	1	
4. 终末质量(5分)	5	提问、操作评价、时间	5	4	3	2	1	
5. 总分	100							

注释:评分等级:Ⅰ级表示操作熟练、规范、无缺项,与患者沟通自然,语言通俗易懂;Ⅱ级表示操作熟练、规范、有1~2处缺项,与患者沟通不够自然;Ⅲ级表示操作欠熟练、规范、有2~3处缺项,与患者沟通较少;Ⅳ级表示操作欠熟练、有4处以上缺项,与患者没有沟通;Ⅴ级表示操作混乱、无序。

微量泵的应用评价标准

姓名:＿＿＿＿＿＿＿　　　　　　　**总得分**＿＿＿＿＿＿＿

项目内容		分值	项目实施要点	评分等级					存在问题
				Ⅰ	Ⅱ	Ⅲ	Ⅳ	Ⅴ	
1. 操作前评估(15分)		8	1. 患者病情、心理反应、合作程度 2. 注射部位的皮肤及血管情况,尽量选择中心静脉	8	6	4	3	2	
		7	告知患者操作目的,向其解释,取得配合	7	6	5	3	1	
2. 操作步骤(75分)	核对解释		核对药物、患者,向患者解释微量泵应用的目的,注意事项,取得配合						
	安装注射器		1. 打开微量泵前管,连接注射器上,排尽空气 2. 打开微量泵扣和注射夹 3. 将抽有药液的注射器刻度朝外放入微量泵注射器安全支架上,关闭注射器和微量泵扣						
	接通电源排气		接通微量泵电源 如泵内有气泡,可按“快速冲流”键,排尽微量泵内空气						
	设置微泵注射程序		设置泵入速度、泵入量,并再次核对						
	与静脉通道相连接		1. 选择输注部位 2. 静脉穿刺						
	启动注射		按微量泵启动键,开始泵入,再次核对						
	观察药效及不良反应		密切观察输注情况及患者用药后反应,及时遵医嘱调节泵入速度						
	注射完毕		拔出针头或分开与静脉通道的连接 关闭电源,取出注射器,擦拭微量泵,备用						
3. 整理用物(5分)		5	观察记录	5	4	3	2	1	
4. 终末质量(5分)		5	提问、操作评价、时间	5	4	3	2	1	
5. 总分		100							

注释:评分等级:Ⅰ级表示操作熟练、规范、无缺项,与患者沟通自然,语言通俗易懂;Ⅱ级表示操作熟练、规范、有1~2处缺项,与患者沟通不够自然;Ⅲ级表示操作欠熟练、规范、有2~3处缺项,与患者沟通较少;Ⅳ级表示操作欠熟练、有4处以上缺项,与患者没有沟通;Ⅴ级表示操作混乱、无序。

呼吸肌功能锻炼评价标准

姓名：______________　　　　　　　　　　　总得分______________

项目内容	分值	项目实施要点	评分等级					存在问题
			Ⅰ	Ⅱ	Ⅲ	Ⅳ	Ⅴ	
1. 操作前评估(15分)	8	患者的病情、知识水平、合作程度以及是否是缓解期	8	6	4	3	2	
	7	告知患者操作目的,向其解释,取得配合	7	6	5	3	1	
2. 操作步骤(75分)	40	腹式呼吸	40					
	10	体位	10	8	6	4	2	
	15	吸气	15	12	9	6	3	
	15	呼气	15	12	9	6	3	
	30	缩唇呼吸	35					
	15	吸气	15	12	9	6	3	
	20	呼气	20	16	12	8	4	
3. 整理用物(5分)	5	观察记录	5	4	3	2	1	
4. 终末质量(5分)	5	提问、操作评价、时间	5	4	3	2	1	
5. 总分	100							

注释：评分等级：Ⅰ级表示操作熟练、规范、无缺项,与患者沟通自然,语言通俗易懂；Ⅱ级表示操作熟练、规范、有1~2处缺项,与患者沟通不够自然；Ⅲ级表示操作欠熟练、规范、有2~3处缺项,与患者沟通较少；Ⅳ级表示操作欠熟练、有4处以上缺项,与患者没有沟通；Ⅴ级表示操作混乱、无序。

手压式雾化吸入法评价标准

姓名：＿＿＿＿＿＿　　　　总得分＿＿＿＿＿＿

项目内容	分值	项目实施要点	评分等级					存在问题
			Ⅰ	Ⅱ	Ⅲ	Ⅳ	Ⅴ	
1. 操作前评估(15分)	8	患者的病情、意识、合作程度	8	6	4	3	2	
	7	告知患者操作目的,向其解释,取得配合	7	6	5	3	1	
2. 操作步骤(75分)	10	解释核对	10	8	6	4	2	
	10	摇匀药液	10	8	6	4	2	
	10	深呼气	10	8	6	4	2	
	25	吸气同时按压喷药	25	20	15	10	5	
	10	呼气	10	8	6	4	2	
	10	漱口	10	8	6	4	2	
3. 整理用物(5分)	5	观察记录	5	4	3	2	1	
4. 终末质量(5分)	5	提问、操作评价、时间	5	4	3	2	1	
5. 总分	100							

注释:评分等级:Ⅰ级表示操作熟练、规范、无缺项,与患者沟通自然,语言通俗易懂;Ⅱ级表示操作熟练、规范、有1~2处缺项,与患者沟通不够自然;Ⅲ级表示操作欠熟练、规范、有2~3处缺项,与患者沟通较少;Ⅳ级表示操作欠熟练、有4处以上缺项,与患者没有沟通;Ⅴ级表示操作混乱、无序。

支气管扩张患者的体位引流评分标准

姓名：______________ 总得分______________

项目内容	分值	项目实施要点	评分等级					存在问题
			Ⅰ	Ⅱ	Ⅲ	Ⅳ	Ⅴ	
1. 操作前评估(15分)	8	患者病情、意识、合作程度	8	6	4	3	2	
	7	告知患者操作目的,向其解释,取得配合	7	6	5	3	1	
2. 操作步骤(70分)	引流前准备	20						
	10	体位协助患者采取适当姿势,用枕头适当支托	10	8	6	4	2	
	10	痰液黏稠者,雾化吸入	10	8	6	4	2	
	引流期间	30						
	10	鼓励并指导患者做深呼吸、有效咳嗽	10	8	6	4	2	
	10	引流时间对于体弱无力者,辅以胸部叩击和胸壁震荡	10	8	6	4	2	
	10	观察患者病情及引流是否通畅	10	8	6	4	2	
	引流后护理	20						
	10	协助患者漱口	10	8	6	4	2	
	10	协助取舒适体位	10	8	6	4	2	
3. 整理记录(10分)	5	用物按垃圾处理原则分类处理	5	4	3	2	1	
	5	洗手;记录分泌物排出的性状、颜色及量	5	4	3	2	1	
4. 终末质量(5分)	5	提问、操作评价、时间	5	4	3	2	1	
5. 总分	100							

注释:评分等级:Ⅰ级表示操作熟练、规范、无缺项,与患者沟通自然,语言通俗易懂;Ⅱ级表示操作熟练、规范、有1~2处缺项,与患者沟通不够自然;Ⅲ级表示操作欠熟练、规范、有2~3处缺项,与患者沟通较少;Ⅳ级表示操作欠熟练、有4处以上缺项,与患者没有沟通;Ⅴ级表示操作混乱、无序。

肝硬化并腹水患者的护理评价标准

姓名：＿＿＿＿＿＿　　　　总得分＿＿＿＿＿＿

项目内容	分值	项目实施要点	评分等级					存在问题
			Ⅰ	Ⅱ	Ⅲ	Ⅳ	Ⅴ	
1. 操作前评估(20分)	10	患者的病情、意识、合作程度 腹部、腰部皮肤以及腹壁肌肉的紧张度	10	8	6	4	2	
	10	告知患者操作目的,向其解释,取得配合	10	8	6	4	2	
2. 操作步骤(50分)	10	解释核对	10	8	6	4	2	
	20	体位:协助患者取仰卧位,脱裤子暴露腹部	20	16	12	8	4	
	20	测量:请患者放松,软皮尺沿脐水平线绕腹一圈	20	16	12	8	4	
3. 整理记录(20分)	10	整理床单位;将软皮尺用75%乙醇纱布擦拭后放进清洁容备用	10	8	6	4	2	
	10	洗手、记录测量值	10	8	6	4	2	
4. 终末质量(10分)	10	提问、操作评价、时间	10	8	6	4	2	
5. 总分	100							

注释:评分等级:Ⅰ级表示操作熟练、规范、无缺项,与患者沟通自然,语言通俗易懂;Ⅱ级表示操作熟练、规范、有1~2处缺项,与患者沟通不够自然;Ⅲ级表示操作欠熟练、规范、有2~3处缺项,与患者沟通较少;Ⅳ级表示操作欠熟练、有4处以上缺项,与患者没有沟通;Ⅴ级表示操作混乱、无序。

急性胰腺炎患者的十二指肠引流评分标准

姓名：______ 总得分______

项目内容	分值	项目实施要点	评分等级					存在问题
			Ⅰ	Ⅱ	Ⅲ	Ⅳ	Ⅴ	
1. 操作前评估(15分)	8	患者病情、意识、合作程度患者禁食水情况口腔黏膜情况、是否有义齿	8	6	4	3	2	
	7	告知患者操作目的，向其解释，取得配合	7	6	5	3	1	
2. 操作步骤(70分)	5	核对解释	5	4	3	2	1	
	5	安置体位	5	4	3	2	1	
	15	插入引流管至胃	15	12	9	6	3	
	20	插入引流管至十二指肠	20	16	12	8	4	
	10	注入硫酸镁	10	8	6	4	2	
	5	接取引流液	5	4	3	2	1	
	10	拔出引流管	10	8	6	4	2	
3. 整理记录(10分)	5	整理床单位；垃圾分类处理	5	4	3	2	1	
	5	洗手；引流液的颜色、性状及引流液的量	5	4	3	2	1	
4. 终末质量(5分)	5	提问、操作评价、时间	5	4	3	2	1	
5. 总分	100							

注释：评分等级：Ⅰ级表示操作熟练、规范、无缺项，与患者沟通自然，语言通俗易懂；Ⅱ级表示操作熟练、规范、有1~2处缺项，与患者沟通不够自然；Ⅲ级表示操作欠熟练、规范、有2~3处缺项，与患者沟通较少；Ⅳ级表示操作欠熟练、有4处以上缺项，与患者没有沟通；Ⅴ级表示操作混乱、无序。

糖尿病患者的血糖测定评分标准

姓名:______________　　　　　　　　总得分______________

项目内容	分值	项目实施要点	评分等级					存在问题
			Ⅰ	Ⅱ	Ⅲ	Ⅳ	Ⅴ	
1. 操作前评估(15分)	8	1. 患者的诊断、病情、心理反应、合作程度 2. 查看取血部位皮肤情况	8	6	4	3	2	
	7	告知患者操作目的,向其解释,取得配合	7	6	5	3	1	
2. 操作步骤(70分)	10	测试安装采血笔,插入采血针	10	8	6	4	2	
	10	插入试纸	10	8	6	4	2	
	5	消毒采血部位	5	4	3	2	1	
	15	取血采样	15	12	9	6	3	
	10	血样滴入采血孔	10	8	6	4	2	
	5	按压取血部位	5	4	3	2	1	
	10	正确读取数值	10	8	6	4	2	
	5	观察	5	4	3	2	1	
3. 整理记录(10分)	5	整理用物、垃圾分类	5	4	3	2	1	
	5	洗手、记录血糖测量时间和血糖值	5	4	3	2	1	
4. 终末质量(5分)	5	提问、操作评价、时间	5	4	3	2	1	
5. 总分	100							

注释:评分等级:Ⅰ级表示操作熟练、规范、无缺项,与患者沟通自然,语言通俗易懂;Ⅱ级表示操作熟练、规范、有1~2处缺项,与患者沟通不够自然;Ⅲ级表示操作欠熟练、规范、有2~3处缺项,与患者沟通较少;Ⅳ级表示操作欠熟练、有4处以上缺项,与患者没有沟通;Ⅴ级表示操作混乱、无序。

糖尿病患者的胰岛素笔皮下注射评分标准

姓名：______________　　　　　　　　总得分______________

项目内容	分值	项目实施要点	评分等级					存在问题
			Ⅰ	Ⅱ	Ⅲ	Ⅳ	Ⅴ	
1. 操作前评估(15分)	8	1. 患者的年龄、病情、血糖水平、意识状态、进食时间 2. 注射部位有无瘢痕、炎症、硬结、瘀斑等情况 3. 患者对注射胰岛素的耐受情况及心理反应	8	6	4	3	2	
	7	告知患者操作目的，向其解释，取得配合	7	6	5	3	1	
2. 操作步骤(70分)	5	检查诺和笔装置及药液	5	4	3	2	1	
	5	旋开笔芯架、推回活塞杆	5	4	3	2	1	
	5	插入笔芯	5	4	3	2	1	
	5	混匀胰岛素	5	4	3	2	1	
	5	套上诺和针	5	4	3	2	1	
	5	调整胰岛素剂量	5	4	3	2	1	
	5	排气	5	4	3	2	1	
	5	选择剂量	5	4	3	2	1	
	20	注射药液	20	16	12	8	4	
	5	观察患者有无不良反应	5	4	3	2	1	
	5	向患者交代注意事项	5	4	3	2	1	
3. 整理记录(10分)	5	整理用物、垃圾分类						
	5	洗手、记录注射时间及剂量	5	4	3	2	1	
4. 终末质量(5分)	5	提问、操作评价、时间	5	4	3	2	1	
5. 总分	100							

注释：评分等级：Ⅰ级表示操作熟练、规范、无缺项，与患者沟通自然，语言通俗易懂；Ⅱ级表示操作熟练、规范、有1~2处缺项，与患者沟通不够自然；Ⅲ级表示操作欠熟练、规范、有2~3处缺项，与患者沟通较少；Ⅳ级表示操作欠熟练、有4处以上缺项，与患者没有沟通；Ⅴ级表示操作混乱、无序。

疑似糖尿病患者的口服葡萄糖耐量试验评分标准

姓名：________　　　　总得分________

项目内容	分值	项目实施要点	评分等级					存在问题
			Ⅰ	Ⅱ	Ⅲ	Ⅳ	Ⅴ	
1. 操作前评估(15分)	8	1. 患者的年龄、病情、是否妊娠、精神心理状态 2. 近3天饮食的种类及量，实验前时候空腹，空腹的时间是否最少10h 3. 患者的活动情况、服药情况	8	6	4	3	2	
	7	告知患者操作目的，向其解释，取得配合	7	6	5	3	1	
2. 操作步骤(70分)	5	准备葡萄糖溶液	5	4	3	2	1	
	10	抽取空腹静脉血	10	8	6	4	2	
	5	服用葡萄糖溶液	15	12	9	6	3	
	20	取血	15	12	9	6	3	
	5	标本及时送检	5	4	3	2	1	
	5	观察患者试验后的反应和生命体征	5	4	3	2	1	
	5	抽血完毕，嘱患者进食	5	4	3	2	1	
3. 整理记录(10分)	5	整理床单位，整理操作用物	5	4	3	2	1	
	5	观察患者服糖后的反应 记录试验时间、患者反应	5	4	3	2	1	
4. 终末质量(5分)	5	提问、操作评价、时间	5	4	3	2	1	
5. 总分	100							

注释：评分等级：Ⅰ级表示操作熟练、规范、无缺项，与患者沟通自然，语言通俗易懂；Ⅱ级表示操作熟练、规范、有1~2处缺项，与患者沟通不够自然；Ⅲ级表示操作欠熟练、规范、有2~3处缺项，与患者沟通较少；Ⅳ级表示操作欠熟练、有4处以上缺项，与患者没有沟通；Ⅴ级表示操作混乱、无序。

食管胃底静脉曲张破裂出血患者的双气囊三腔管压迫止血评分标准

姓名：______________ 总得分______________

项目内容	分值	项目实施要点	评分等级					存在问题
			Ⅰ	Ⅱ	Ⅲ	Ⅳ	Ⅴ	
1. 操作前评估(15分)	8	患者的病情(如生命体征、呕血次数、时间及量)、意识、心理、鼻腔黏膜、口腔有无义齿患者对疾病的认知程度和合作程度	8	6	4	3	2	
	7	告知患者操作目的，向其解释，取得配合	7	6	5	3	1	
2. 步骤(65分)	5	核对患者，准备用物	5	4	3	2	1	
	5	安置患者于半坐卧位或平卧位，头偏向一侧，颌下铺治疗巾	5	4	3	2	1	
	10	试测气囊	10	8	6	4	2	
	5	清洁鼻腔：用湿棉签清洁患者插管侧鼻腔	5	4	3	2	1	
	20	协助插管：将三腔管前端及气囊外面涂上液状石蜡，然后从患者鼻孔慢慢插入胃内 3. 当三腔管插入50～60cm时，抽取胃液，证实管端确在胃腔，暂做固定	20	12	9	6	3	
	20	协助充气、牵引： 1. 向胃气囊内注气200～300ml，压力维持在30～40mmHg，末端即刻用弹簧夹夹住，然后反折以细纱绳扎紧 2. 将三腔管轻轻外拉，至有阻力感为止，表示胃气囊已压在胃底部 3. 用0.5kg重的物品(500ml盐水瓶加水250ml)，通过滑轮装置牵引固定三腔管 4. 用注射器抽出全部胃内容物	20	12	9	6	3	
3. 观察(5分)	5	密切观察应用效果和患者出血情况	5	4	3	2	1	
4. 整理记录(10分)	5	整理床单位，整理操作用物	5	4	3	2	1	
	5	洗手，记录三腔管留置时间；记录患者病情变化，准确记录出入液量，并严格交班	5	4	3	2	1	
5. 终末质量(5分)	5	提问、操作评价、时间	5	4	3	2	1	
6. 总分	100							

注释：评分等级：Ⅰ级表示操作熟练、规范、无缺项，与患者沟通自然，语言通俗易懂；Ⅱ级表示操作熟练、规范、有1～2处缺项，与患者沟通不够自然；Ⅲ级表示操作欠熟练、规范、有2～3处缺项，与患者沟通较少；Ⅳ级表示操作欠熟练、有4处以上缺项，与患者没有沟通；Ⅴ级表示操作混乱、无序。

传染病区的防护-穿、脱隔离衣评分标准

姓名：＿＿＿＿＿＿　　　　**总得分**＿＿＿＿＿＿

项目内容	分值	项目实施要点	评分等级					存在问题
			Ⅰ	Ⅱ	Ⅲ	Ⅳ	Ⅴ	
1. 操作前评估(15分)	8	1. 环境是否符合隔离原则 2. 评估患者的病情、临床表现、治疗及护理情况；患者目前采取隔离种类、隔离措施；患者及家属对有关疾病防治知识、消毒隔离知识的了解及掌握情况	8	6	4	3	2	
	7	告知患者操作目的，向其解释，取得配合	7	6	5	3	1	
2. 操作步骤(80分)	穿隔离衣	45						
	5	手持衣领取下隔离衣，两手将衣领的两端向外折，使内面向着操作者，露出袖子内口	5	4	3	2	1	
	5	右手持衣领，将左手伸入袖内，右手将衣领向上抖，使左手套入袖后露出	5	4	3	2	1	
	5	换左手持衣领，右手伸入袖内，举右手将袖上抖，注意勿触及面部	5	4	3	2	1	
	5	两手持领子中央，沿着领边向后将领扣扣好。不可触及衣领、面部和帽子	5	4	3	2	1	
	5	扎好袖口(此时手已污染)	5	4	3	2	1	
	5	解开腰带活结，将隔离衣一边约在腰下5cm处渐向前拉，直至触到边缘后，用手捏住	5	4	3	2	1	
	5	同法捏住另一侧边缘，手勿触及衣内面	5	4	3	2	1	
	5	两手在背后将两侧边缘对齐，向一侧折叠，以一手按住折叠处，另一手将腰带拉至背后压住折叠处	5	4	3	2	1	
			5	4	3	2	1	
	5	将腰带在背后交叉，回到前面打一活结系好。后侧边缘须对齐，折叠处不能松散	5	4	3	2	1	
	脱隔离衣	35						
	5	解开腰带，在前面打一活结	5	4	3	2	1	
	5	解开两袖带，塞入袖内，充分暴露双手，进行手消毒	5	4	3	2	1	
	5	洗手，并消毒双手，擦干	5	4	3	2	1	
	5	解开颈后带子	5	4	3	2	1	
	5	右手伸入左手腕部袖内，拉下袖子过手	5	4	3	2	1	
	7	用衣袖遮住的左手在衣袖外面将右侧衣袖拉下过手，双手轮换握住袖子，手臂逐渐从袖管中退出，脱下隔离衣	5	4	3	2	1	
	5	用右手自衣内握住肩缝，遂即用左手拉住衣领，使隔离衣清洁面向外，挂在衣架上	5	4	3	2	1	
3. 终末质量(5分)	5	提问、操作评价、时间	5	4	3	2	1	
4. 总分	100							

注释：评分等级：Ⅰ级表示操作熟练、规范、无缺项，与患者沟通自然，语言通俗易懂；Ⅱ级表示操作熟练、规范、有1~2处缺项，与患者沟通不够自然；Ⅲ级表示操作欠熟练、规范、有2~3处缺项，与患者沟通较少；Ⅳ级表示操作欠熟练、有4处以上缺项，与患者没有沟通；Ⅴ级表示操作混乱、无序。

胸腔穿刺术的护理配合评价标准

姓名:________________ **总得分**________________

项目内容	分值	项目实施要点	评分等级					存在问题
			Ⅰ	Ⅱ	Ⅲ	Ⅳ	Ⅴ	
1. 操作前评估(15分)	8	患者的诊断、病情、心理反应、合作程度、穿刺部位情况	8	6	4	3	2	
	7	告知患者操作目的,向其解释,取得配合	7	6	5	3	1	
2. 操作步骤(70分)	10	摆体位	10	8	6	4	2	
	10	选择适宜的穿刺点	10	8	6	4	2	
	10	消毒穿刺部位	10	8	6	4	2	
	10	铺消毒巾	10	8	6	4	2	
	10	穿刺	10	8	6	4	2	
	10	协助留取胸腔积液标本或排除胸腔积液积气或抽液抽气后注射药物	10	8	6	4	2	
	5	拔出穿刺针	5	4	3	2	1	
	5	观察记录	5	4	3	2	1	
3. 整理用物(10分)	5	用物整理	5	4	3	2	1	
	5	垃圾分类	5	4	3	2	1	
4. 终末质量(5分)	5	提问、操作评价、时间	5	4	3	2	1	
5. 总分	100		100	80	60	40	20	

注释:评分等级:Ⅰ级表示操作熟练、规范、无缺项,与患者沟通自然,语言通俗易懂;Ⅱ级表示操作熟练、规范、有1~2处缺项,与患者沟通不够自然;Ⅲ级表示操作欠熟练、规范、有2~3处缺项,与患者沟通较少;Ⅳ级表示操作欠熟练、有4处以上缺项,与患者没有沟通;Ⅴ级表示操作混乱、无序。

腹腔穿刺术的护理配合评价标准

姓名：＿＿＿＿＿＿　　**总得分**＿＿＿＿＿＿

项目内容	分值	项目实施要点	评分等级					存在问题
			Ⅰ	Ⅱ	Ⅲ	Ⅳ	Ⅴ	
1. 操作前评估(15分)	8	患者的诊断、病情、心理反应、合作程度、穿刺部位情况	8	6	4	3	2	
	7	告知患者操作目的,向其解释,取得配合	7	6	5	3	1	
2. 操作步骤(70分)	10	摆体位	10	8	6	4	2	
	10	选择适宜的穿刺点	10	8	6	4	2	
	10	消毒穿刺部位	10	8	6	4	2	
	10	铺消毒动巾	10	8	6	4	2	
	10	穿刺	10	8	6	4	2	
	10	抽取腹腔积液标本或引流腹水	10	8	6	4	2	
	5	拔出穿刺针	5	4	3	2	1	
	5	观察记录	5	4	3	2	1	
3. 整理用物(10分)	5	用物整理	5	4	3	2	1	
	5	垃圾分类	5	4	3	2	1	
4. 终末质量(5分)	5	提问、操作评价、时间	5	4	3	2	1	
5. 总分	100		100	80	60	40	20	

注释:评分等级:Ⅰ级表示操作熟练、规范、无缺项,与患者沟通自然,语言通俗易懂;Ⅱ级表示操作熟练、规范、有1~2处缺项,与患者沟通不够自然;Ⅲ级表示操作欠熟练、规范、有2~3处缺项,与患者沟通较少;Ⅳ级表示操作欠熟练、有4处以上缺项,与患者没有沟通;Ⅴ级表示操作混乱、无序。

骨髓穿刺术的护理配合评价标准

姓名：＿＿＿＿＿＿＿＿＿ 总得分＿＿＿＿＿＿＿＿＿

项目内容	分值	项目实施要点	评分等级					存在问题
			Ⅰ	Ⅱ	Ⅲ	Ⅳ	Ⅴ	
1. 操作前评估(15分)	8	患者的诊断、病情、心理反应、合作程度、穿刺部位情况	8	6	4	3	2	
	7	告知患者操作目的,向其解释,取得配合	7	6	5	3	1	
2. 操作步骤(70分)	10	选择适宜的穿刺点	10	8	6	4	2	
	10	根据穿刺点协助患者摆体位	10	8	6	4	2	
	10	消毒穿刺部位	10	8	6	4	2	
	10	铺消毒动巾	10	8	6	4	2	
	10	配合穿刺抽吸	10	8	6	4	2	
	10	协助留取骨髓标本	10	8	6	4	2	
	5	拔出穿刺针	5	4	3	2	1	
	5	观察记录	5	4	3	2	1	
3. 整理用物(10分)	5	用物整理	5	4	3	2	1	
	5	垃圾分类	5	4	3	2	1	
4. 终末质量(5分)	5	提问、操作评价、时间	5	4	3	2	1	
5. 总分	100		100	80	60	40	20	

注释：评分等级：Ⅰ级表示操作熟练、规范、无缺项,与患者沟通自然,语言通俗易懂；Ⅱ级表示操作熟练、规范、有1~2处缺项,与患者沟通不够自然；Ⅲ级表示操作欠熟练、规范、有2~3处缺项,与患者沟通较少；Ⅳ级表示操作欠熟练、有4处以上缺项,与患者没有沟通；Ⅴ级表示操作混乱、无序。

腰椎穿刺术的护理配合评价标准

姓名：__________　　　　　　　　　　总得分__________

项目内容	分值	项目实施要点	评分等级 Ⅰ	Ⅱ	Ⅲ	Ⅳ	Ⅴ	存在问题
1. 操作前评估（15分）	8	患者的诊断、病情、心理反应、合作程度、穿刺部位情况	8	6	4	3	2	
	7	告知患者操作目的，向其解释，取得配合	7	6	5	3	1	
2. 操作步骤（70分）	10	体位	10	8	6	4	2	
	10	选择适宜的穿刺点	10	8	6	4	2	
	10	消毒穿刺部位	10	8	6	4	2	
	10	铺消毒动巾	10	8	6	4	2	
	10	配合穿刺	10	8	6	4	2	
	10	留取脑脊液标本	10	8	6	4	2	
	5	拔出穿刺针	5	4	3	2	1	
	5	观察记录	5	4	3	2	1	
3. 整理用物（10分）	5	用物整理	5	4	3	2	1	
	5	垃圾分类	5	4	3	2	1	
4. 终末质量（5分）	5	提问、操作评价、时间	5	4	3	2	1	
5. 总分	100		100	80	60	40	20	

注释：评分等级：Ⅰ级表示操作熟练、规范、无缺项，与患者沟通自然，语言通俗易懂；Ⅱ级表示操作熟练、规范、有1~2处缺项，与患者沟通不够自然；Ⅲ级表示操作欠熟练、规范、有2~3处缺项，与患者沟通较少；Ⅳ级表示操作欠熟练、有4处以上缺项，与患者没有沟通；Ⅴ级表示操作混乱、无序。

第三部分　习　　题

模块一习题

1. 患者由于呼吸道分泌物阻塞所致呼吸困难和烦躁不安,在处理上哪项不恰当(　　)
   A. 立即给患者吸
   B. 半坐位协助咳嗽排痰
   C. 立即肌内注射吗啡 10mg 镇静
   D. 给予雾化吸入,必要时纤维支气管镜下取痰
2. 有关机械吸痰的注意事项下列哪项不合适(　　)
   A. 每次吸痰时间不超过 15s
   B. 两次抽吸间隔少于 3min
   C. 吸痰动作要轻柔
   D. 在吸痰前中后适当提高吸氧浓度
3. 接受降压药物治疗的高血压患者,起床时晕倒,片刻后清醒,首先考虑(　　)
   A. 直立性低血压　B. 心源性休克　C. 高血压脑病　D. 急性左心衰
4. 测血压时袖带过紧对测量结果的影响为(　　)
   A. 仅收缩压升高　B. 血压值偏低　C. 仅舒张压降低　D. 血压值偏高
5. 采集血气标本的方法,下列哪项不正确(　　)
   A. 选用 2ml 干燥注射器
   B. 先抽少许经过稀释的肝素充盈针筒
   C. 拔出针头后立即送检
   D. 在严格无菌操作下抽动脉血 2ml
6. 输液泵的使用适用于哪类患者(　　)
   A. 需快速补液患者　B. 准备记录出入液量患者
   C. 限定时、速的特殊药物　D. 大量输血患者
7. 患者,男性,50 岁,高血压病 5 年,近半个月来间断胸骨后或心前区疼痛,持续 3~5 分钟,休息后可缓解。经入院检查确诊为心绞痛,责任护士讲解硝酸甘油用药知识,不妥的是(　　)
   A. 首次服药应卧位或坐位服药,以防发生直立性低血压
   B. 该药应舌下含服,不可吞服或嚼服
   C. 该药可扩张外周血管,减轻心脏负担
   D. 出现搏动性头痛需立即停药
8. 患者,男,今晨在实验室工作时因“胸部不适”以急性心肌梗死收入 CCU,并立即给予吸氧和心电监护。现患者呈痛苦面容,目前促进该患者舒适的首要措施是(　　)
   A. 调整体位　B. 缓解疼痛　C. 按摩疼痛部位　D. 介绍环境

9. 心电图检查时,V4 导联应放在(　　)

A. 胸骨右缘第 4 肋间　　B. 胸骨左缘第 4 肋间

C. 胸骨左缘第 5 肋间　　D. 左锁骨中线与第 5 肋间相交处

10. 患者,男,25 岁。因突发心悸、胸闷就诊。下列检查可明确诊断心律失常的是(　　)

A. ECG　　B. 胸部 CT　　C. 超声心动图　　D. 放射性核素检查

11. 使用硝普钠时,应注意(　　)

A. 避光　　B. 测脉搏　　C. 可长期使用　　D. 可大量使用

模块二习题

A1 型题

1. 缩唇呼吸下列哪项是错误的(　　)

A. 吸气时收腹　　B. 用鼻吸气

C. 用口呼气　　D. 呼气与吸气的时间比为 3∶1

2. 诊断支气管哮喘最主要的依据是(　　)

A. 有哮喘家族史　　B. 使用支气管解痉剂有效

C. 两肺叩诊过清音　　D. 发作性呼吸困难,两肺广泛哮鸣音

3. 清洁口腔、预防感染应选用的漱口液是(　　)

A. 硼酸溶液　　B. 过氧化氢　　C. 醋酸溶液　　D. 碳酸氢钠溶液

4. 关于急性胰腺炎的治疗中哪项是错误的(　　)

A. 禁食及胃肠减压　　B. 可用抗胆碱能药物

C. 生长抑素可持续用 3~7 天　　D. 一般不用抗生素

5. 糖尿病的诊断标准是(　　)

A. 随机或餐后 2h≥11.1mmol/L,或空腹≥7.0mmol/L

B. 随机或餐后 2h≥7.8mmol/L,或空腹≥7.0mmol/L

C. 随机或餐后 2h≥11.1mmol/L,或空腹≥7.8mmol/L

D. 随机或餐后 2h≥6.1mmol/L,或空腹≥7.0mmol/L

6. 糖尿病患者使用胰岛素治疗,可能出现的胰岛素不良反应一般不包括(　　)

A. 肾功能衰竭　　B. 低血糖反应

C. 荨麻疹样皮疹　　D. 注射部位脂肪萎缩或增生

7. 目前糖尿病患者最主要的死亡原因是(　　)

A. 下肢动脉血栓形成　　B. 酮症酸中毒

C. 高渗性非酮症昏迷　　D. 冠心病、脑血管疾病

8. 穿隔离衣至哪一环节手开始污染(　　)

A. 系领口　　B. 手提衣领取下隔离衣

C. 穿衣袖　　D. 系腰带

9. 预防肠道传染病的措施中,应以下列哪一环节为主(　　)

A. 接触者预防服药　　B. 隔离治疗带菌者　　C. 切断传播途径　　D. 疫苗预防接种

A2 型题

10. 患者,女,19 岁,发热、贫血 12 天,肝脾淋巴结肿大,胸骨有压痛,血红蛋白 60g/L,白细胞 40 $\times10^9$/L,血小板 60×10^9/L,诊断为白血病,患者应进行哪种隔离(　　)

A. 严密隔离　　B. 接触隔离　　C. 保护性隔离　　D. 消化道隔离

11. 患者,女,60 岁,支气管扩张患者,感冒受凉后出现慢性咳嗽,咳大量脓痰,痰液不易咳出,现需体位引流,下列哪项做法不正确(　　)

A. 应尽可能让家人参与引流过程　　B. 引流在餐后 1 进行

C. 每次引流不超过 30min　　D. 为加强引流效果,引流时辅以胸部叩击

12. 患者,男性,28 岁,上腹痛已经 2 天,多能忍受,但每餐进食后疼痛都会加剧,有时伴有呕吐,呕后疼痛并未减轻,为明确诊断,需要做哪项检查(　　)
A. 尿淀粉酶测定　B. 血清淀粉酶测定　C. 血清脂肪酶测定　D. 血清钙测定

13. 患者,男,31 岁。患支气管扩张多年。近日因上呼吸道感染后咳嗽剧烈,有大量黄色脓痰,胸部 X 线显示病变于右肺下叶。体位引流时护士应指导患者采取的体位是(　　)
A. 半坐位　　B. 左侧卧位、头高足低
C. 左侧卧位、头低足高　　D. 右侧卧位、头高足低

14. 患者,男,35 岁。确诊支气管扩张 8 年,近 3 天来咳嗽加剧,咳黄色脓痰,量多,偶有少量咯血。查体:右下肺可闻及湿啰音。近日突然痰量减少,且出现发热,体温 38.3℃。首先考虑(　　)
A. 并发肺结核　B. 并发肺脓肿　C. 支气管引流不畅　D. 抗生素使用不当

15. 患者,女,43 岁。有慢性咳嗽、喘息病史 10 余年,3 日前因尿路感染导致病情加重,咳嗽频繁,痰量增多。动脉血气分析:PaO_2 70mmHg,$PaCO_2$ 40mmHg。经治疗后病情缓解。护士指导患者进行缩唇呼吸训练时,要求蜡烛火焰距离患者的口唇(　　)
A. 8~10cm　B. 10~12cm　C. 12~15cm　D. 15~20cm

A3 型题

16~17 题共用题干

患者,男性,67 岁。身高 165cm,体重 76kg。体检时发现空腹血糖 6.7mmol/l。

16. 下列哪项考虑是正确的(　　)
A. 可诊断为糖尿病　　B. 应进行口服 75g 葡萄糖耐力试验
C. 可诊断为无症状性糖尿病　　D. 可排除糖尿病

17. 关于 OGTT 试验,护士应向患者做的健康宣教不包括(　　)
A. 试验前 3 天每天进食碳水化合物不超过 150g
B. 应在清晨进行
C. 试验日空腹取血测血糖
D. 儿童口服葡萄糖量为 0.75g/kg

18~21 题共用题干

患者,男,45 岁,肝硬化患者进食粗糙食物后出现上消化道大出血。

18. 抢救该患者最有效的措施为(　　)
A. 及时补充血量　　B. 静滴垂体后叶素
C. 消除血块防止窒息　　D. 双气囊三腔管压迫止血

19. 患者在使用双气囊三腔管压迫止血期间,突然出现躁动、紫绀、呼吸困难,此时应立即(　　)
A. 吸氧　B. 应用呼吸兴奋剂　C. 应用镇静剂　D. 放去气囊内气体

20. 双气囊三腔管使用过程中发生窒息的原因是(　　)
A. 喉头水肿　B. 牵引过紧　C. 胃气囊阻塞咽喉　D. 血液反流至气管

21. 应用双气囊三腔管压迫止血,放气的时间是术后(　　)
A. 12h　B. 24h　C. 48h　D. 72h

模块三习题

A1 型题

1. 腰椎穿刺的常规部位是(　　)
   A. 第 1~2 腰椎棘突间隙　　B. 第 2~3 腰椎棘突间隙
   C. 第 3~4 腰椎棘突间隙　　D. 第 4~5 腰椎棘突间隙
2. 腰椎穿刺后要去枕平卧 4~6 小时,目的是防治(　　)
   A. 穿刺部位出血　　B. 穿刺部位感染　　C. 颅内感染　　D. 脑脊液外漏
3. 有关胸腔穿刺的方法,下列哪项不正确(　　)
   A. 穿刺点抽液时,穿刺点取浊音明显部位
   B. 穿刺抽气,穿刺点取患侧锁骨中线第三肋间
   C. 首次抽液量不超过 600ml
   D. 首次抽气量不超过 1000ml
4. 胸腔穿刺抽液患者突然出现面色苍白、头晕、出汗、四肢发凉,应立即(　　)
   A. 减慢抽液速度　　B. 停止抽液　　C. 高浓度给氧　　D. 皮下注射阿托品
5. 带金属声的咳嗽应考虑(　　)
   A. 喉头炎　　B. 支气管扩张症　　C. 支气管哮喘　　D. 支气管肺癌
6. 对放疗和化疗比较敏感的肺癌是(　　)
   A. 鳞癌　　B. 小细胞癌　　C. 大细胞癌　　D. 支气管肺癌
7. 脑出血患者发生脑疝与下列哪项无关(　　)
   A. 用力排便　　B. 气道阻塞,严重缺氧
   C. 腰穿放液过多　　D. 脱水剂快速静脉滴注
8. 脑出血患者应取的体位是(　　)
   A. 头低足高位　　B. 仰卧抬高床头 15°~30°
   C. 去枕侧卧位　　D. 俯卧位
9. 骨髓穿刺常选用的部位出了(　　)
   A. 胸骨及髂前上棘　　B. 髂后上棘　　C. 肋骨　　D. 腰椎棘突

A2 型题

10. 患者,男,28 岁。行胸腔穿刺抽液时,患者出现头晕、出汗、面色苍白、四肢发凉,应立即(　　)
    A. 减慢抽液速度　　B. 停止抽液、平卧、观察血压
    C. 胸穿抽气　　D. 高浓度吸氧
11. 患者,男,30 岁。因忽然头痛,呕吐,脑膜刺激征阳性入院,初步诊断蛛网膜下隙出血。病因诊断的主要依据为(　　)
    A. 脑 CT 检查　　B. 脑 MRI 检查　　C. 脑脊液检查　　D. 脑血管造影
12. 患者,女,25 岁。诊断为再生障碍性贫血,骨髓穿刺时,术前准备不正确的是(　　)
    A. 穿刺当日嘱患者不要沐浴　　B. 嘱患者侧卧位,选髂前上棘为穿刺点
    C. 术后平卧 4 小时　　D. 观察穿刺部位有无出血

A3 型题

13~16 题共用题干

患者,李峰,男,60 岁。肝硬化病史 5 年伴大量腹水 5 天入院,现根据患者的病情需要,需放腹水进行治疗。

13. 一次放腹水不宜超过(　　)

A. 1000ml　　B. 2000ml　　C. 3000ml　　D. 4000ml

14. 关于该患者的护理下列哪项是错误的(　　)

A. 协助取平卧位　　B. 低盐饮食

C. 水分控制在 1500ml/d　　D. 遵医嘱合理使用利尿剂

15. 该患者的饮食护理中哪项是错误的(　　)

A. 应低盐或无盐饮食　　B. 进水量限制在 500ml 以下

C. 含钠食物尽量少用　　D. 可适量添加柠檬汁以调味

16. 关于肝硬化以下哪项是错误的(　　)

A. 戊肝也能发展为肝硬化　　B. 自身免疫性肝炎可发展为肝硬化

C. 血吸虫病可发展为肝纤维化　　D. 酒精中毒国外多见

17、18 题共用题干

男性,50 岁。因车祸肝破裂,面色苍白,脉搏快弱,四肢冰冷,血压 84/50mmHg,呈现休克。

17. 有助于确诊的检查是(　　)

A. 测血红蛋白　　B. 测血细胞比容　　C. 测肝功能　　D. 腹腔穿刺

18. 有效的治疗是

A. 抗休克　　B. 休克好转后手术　　C. 边抗休克边手术　　D. 输血止血

19~21 题共用题干

患者,男,35 岁,在观看足球赛时突发剧烈头痛伴频繁呕吐,继而神志不清。脑膜刺激征阳性,肢体无瘫痪。

19. 考虑诊断为(　　)

A. 脑出血　　B. 蛛网膜下腔出血　　C. 脑膜炎　　D. 脑血栓形成

20. 蛛网膜下腔出血最常见的原因是(　　)

A. 先天性脑动脉瘤　　B. 动静脉畸形　　C. 高血压性动脉硬化　　D. 血液病

21. 对该患者的处理措施中哪项是错误的(　　)

A. 头痛剧烈用阿司匹林　　B. 烦躁不安用镇静

C. 防止再出血用氨甲芳酸　　D. 绝对卧床休息

22~26 题共用题干

患者,女,19 岁,发热、贫血 12 天,肝脾淋巴结肿大,胸骨有压痛,血红蛋白 60g/L,白细胞 40×10^9/L,血小板 60×10^9/L,诊断为白血病。

22. 为预防中枢神经系统白血病需进行腰椎穿刺鞘内注射的化疗药物是(　　)

A. 长春新碱　　B. 阿糖胞苷　　C. 环磷酰胺　　D. 甲氨蝶呤

23. 注射完毕后患者应去枕平卧(　　)

A. 3~4　　B. 4~5　　C. 4~6　　D. 10~12

24. 护理白血病患者最重要的是(　　)

A. 注意出血　　B. 高热处理　　C. 预防感染　　D. 观察病情变化

25. 白血病患者化疗期间对饮水的主要目的是(　　)

A. 维持血容量　　B. 有利于化疗药物降解产物的排泄

C. 减轻肝损害　　D. 降低血液中药液的浓度

26. 确诊白血病最主要的依据是(　　)

A. 外周血象　　B. 骨髓象　　C. 细胞化验　　D. 免疫学检查

27~29 题共用题干

患者,女,26 岁。半年来常出现头晕、心悸、牙龈出血、月经量过多等不适。1 周前感冒伴发热、牙龈出血来院就诊,诊断为再生障碍性贫血。

27. 鉴别再生障碍性贫血和急性白血病最主要靠(　　)

A. 骨髓象检查　　B. 血象检查　　C. 临床表现　　D. 治疗效果

28. 经雄激素治疗 5 个月后最先升高的是(　　)

A. 网织红细胞数　　B. 红细胞数　　C. 白细胞数　　D. 血清铁蛋白

29. 以下关于再生障碍性贫血的描述错误的是(　　)

A. 贫血多是慢性再障的首发和主要表现

B. 慢性再障的首选药物是雄激素

C. 骨髓造血功能衰竭引起的一类贫血

D. 肝、脾、淋巴结进行性肿大

模块习题答案

模块一习题答案

1 ~5　CBADC

6 ~11　CDBDAA

模块二习题答案

1~5　ADADA

6~10　ADACC

10~15　BBCCD

15~21　BADDCB

模块三习题答案

1~5　CDBDD

6~10　DDBCB

11~15　DBCAB

16~20　BDCBA

21~25　ADCCB

26~29　BAAD

参 考 文 献

耿莉华，宋雁宾，王兰.2013.护理实训教材(内科护理分册第四版).北京：科学出版社
江已，王冬梅.2014.内科护理.西安：第四军医大学出版社
林静，潘杰.2012.专科护理技术操作规程.北京：人民军医出版社
任辉，余珊.2012.内科护理技术.北京：人民卫生出版社
尤黎明.2012.内科护理学实践与学习指导.北京：人民卫生出版社
尤黎明.2014.内科护理学.北京：人民卫生出版社第5版
张春舫，任景坤.2008.护士岗位技能训练50项考评指导.北京：人民军医出版社